KB153699

BTS를 철학하다

BTS를 철학하다

차민주 지음

비밀신서

머리말

철학자들은 보다 높은 수준의 삶을 위한 깨어남(자기 자신에 대한 깨달음)의 중요성을 강조합니다. 나를 이해함으로써 보다 높은 수준의 생각을 하는 내가 되는 것입니다.

철학과 인문학 교육이 제대로 이뤄지지 않고 있는 시대에 방탄소년단은 혼돈과 불안 속에 있는 청소년과 젊은이들을 시대의 언어로 위로하고 자존감을 높여줍니다. 또 자기 자신에 대한 사유, 그리고 깨달음을 통해 자기 고양의 계단을 밟아 올라가는 길을 제시해주고 있습니다.

방탄소년단은 2017년 9월 현재, 빌보드 소셜차트 52주째 1위를 기록하고 있습니다. 소셜차트는 SNS상에서 언급된 순위를 말하는 것인데 일종의 인기 순위로도 볼 수 있습니다.
그냥 인기가 좀 많은 것이 아니라 세계적으로 큰 관심과 인기를 누리고 있는 것입니다.

방탄소년단이 반짝하는 현상이 아니라 지금 전 세계적으로 이토록 오래, 점점 더 커지는 지지와 인기를 누리고 있는 데는 춤과 노래 뿐 아니라 방탄소년단만의 심장을 울리게 솔직하고 따뜻한데 푸르스름한, 새벽하늘 같은 철학과 밑바닥부터 직접 깨우친 깊은 사유가 있기 때문입니다.

실제로 세계의 청춘들은 방탄소년단의 음악을 듣고 "BTS가 내 인생을 바꿨어요." "절망의 밑바닥에서 아무도 위로해주지 않을 때 BTS의 음악 하나로 버텼어요." "차마 마주보기 힘들었던 제 모습을 똑바로 보게 되었고 이제는 사랑해야겠구나 하는 생각을 했어요." "꿈을 포기하지 말라고, 져도 괜찮다고 말해줘서 고마웠어요." "노래가 위로가 될 수 있다는 걸 처음 알았어요. 많은 사람들이 BTS를 알고 위로받았으면 좋겠어요." "절 더 나은 사람이 되게 해주었어요. 정말 고마워요." "꿈을 포기하지 말라는 가사는 많이 들어봤지만 마음에 와 닿은 적은 처음이었어요." 라며 실제 방탄소년단의 음악을 듣고 인생에 미친 큰 영향을 간증합니다.

방탄소년단의 음악이 지닌 가치는 한 사람의 인생을 빛나게 바꾸려는 선한 의도, 그리고 실제로 사람들에게 자신의 우주를 찾아낼 수 있게 도와주는 힘을 가진 메시지와 철학에 가장 큰 무게가 있습니다.
그런 푸르고 따뜻한 사유와 철학의 메시지들은 일반적인 단련의 한계를 뛰어넘는 퍼포먼스와 음악에 실려 가장 파워풀한 미디어들을 통해 청춘들의 삶으로 전해졌습니다.

꿈과 도전과 꿈의 실현, 더 나은 세상을 생각하는 시야, 보다 나은 내가 되고 싶게 만드는 메시지를 처절할 만큼 솔직하고 때론 시인처럼 아름답게 전하기 때문에 전 세계의 청춘들이 방탄소년단에게 열광하는 것이 아닐까 합니다.

방탄소년단이 이 시대의 청춘들에게 영향을 미치는 시간은 길수도, 짧을 수도 있습니다. 늘 그렇듯 당대의 범인들에겐 평가가 야박합니다. 동시대의 실존이라는 것이 신비를 떨어뜨리기 때문일까요? 쇼펜하우어는 '모든 위대한 업적은 인정받는 데 시간이 걸리고, 힘든 과정을 거쳐야 한다'고 하였습니다. 확실한 것은 지금의 인기는 그들의 메시지의 가치 있음을 증명하고 있으며 그 가치가 수면 위로 떠오르면 더 인정받을 것이라는 점입니다.

미네르바의 부엉이는 황혼이 질 무렵에야 비로소 날개를 편다는 헤겔의 말처럼 저도 방탄소년단의 꽤나 큰 성취 이후에야 비로소 방탄소년단을 철학자들과 한 페이지에서 사유해 보는 것이지만 앞으로의 성취와 영향력을 더 긍정하기에 뒤늦은 것만은 아니라 생각합니다.
어려운 말이 많은 철학을 BTS처럼 모두 신인류의 언어로 전하기엔 어려움이 있었고, 또 많은 철학자들을 인용하다보니 다소의 왜곡이 있을까 조심스럽습니다. 그럼에도 불구하고 조금이라도 이를 계기로 철학에 관심을 갖게 되는 청춘이 있다면 작지만 의미가 있다고 생각합니다.

이 책에서는 방탄소년단의 사유와 가장 가까이 닿아있다고 생각되는 니체에서부터 헤겔, 스피노자, 키에르케고어, 아렌트와 들뢰즈 그리고 존 롤스와 아도르노까지 다양한 철학자들의 철학과 방탄소년단의 메시지를 연계하여 생각해 보고자 합니다. 또한 방탄소년단이 다른 아이돌그룹과 차별화 되는 차이점에 대해 성공공식의 관점이 아니라 어떤 다름을 추구했는지를 사유해 보고자 합니다.

BTS의 메시지와 철학자들의 연결고리를 통해 청춘들이 좀 더 쉽게 철학을 이해할 수 있었으면 하는 바람입니다.

또 BTS를 잘 모르는 분들은 BTS가 가진 메시지의 강렬하고 심장을 흔드는 힘과 철학적 사유의 깊이, 외롭고 힘든 청춘들을 위로하는 방식, 그리고 신인류들의 언어로 눈물 나게 아름답고 핵심을 꿰뚫는 은유들을 느껴보고 BTS 열풍의 이유를 긍정할 수 있는 계기가 되었으면 좋겠습니다.

철학보다 실제 삶에 더 큰 깨달음이 있는데 손닿기엔 멀게 느껴지는 이성과 사유의 신전까지 들어갈 수 없는 청춘들에게 친구의 이야기처럼 우리들의 언어로 스며들게 해주는 BTS가 가장 현명한 철학자일 지도 모르겠습니다.
그것이 그들이 개척한 21세기식, 신인류의 사유 전파 스타일 같습니다.

본문에서 방탄소년단은 모두 방탄소년단의 영문 명칭인 BTS로 표기하였습니다.

또한 본문에서 지칭하는 BTS란 BTS라는 아티스트 대부분의 지분을 차지하는 멤버들 뿐 아니라 BTS라는 미디어, BTS가 만들어내는 예술 작품을 함께 구성하는 아티스트들까지 포괄한 개념을 생각하며 사용하였습니다.

오랜 시간 동안의 철학과 대중문화에 대한 사랑과 관심으로 이 책을 발간하게 되었지만 양쪽으로 모두 부족한 점이 많습니다. 그럼에도 용기를 내게 된 것은 다음에 더욱 발전하고 채우겠다는 저 자신과의 약속입니다.

목차

I. 세상을 위하여

II. 나의 꿈을 위하여

III. 청춘을 위하여

IV. 예술을 위하여

I

세 상 을 위 하 여

'바로 그것 the thing',

'잘 나가는 것 hot thing',

'꼭 가져야 하는 것 must have',

'(갖고 있음을) 꼭 보여주어야 하는 것 must be seen'

지그문트 바우만[1]

01 소비사회

철학자 장 보들리야르는 현대사회를 '소비의 사회'라고 하며 현대인들이 타인과의 차이점을 구축할 수단으로 '소비'를 택하였다고 하였습니다. 사용하기 위해서라기보단 '타인과의 차이-취향'를 생산하기 위해 소비하는 것입니다.

아이폰과 맥북을 쓰고 차 없이 자전거를 타고 빅웨이브를 마시면서 웨스앤더슨이나 자비에돌란 영화를 좋아하고 신해경 실리카겔 음악을 들으면서 독립서점에서 산 시집을 읽고 반스 신고 고양이를 키우면 힙스터일까요? 힙스터도 결국 자신의 자산인 문화적 취향을 과시하는지도 모릅니다.

벤틀리를 타고 브리오니나 키톤을 입고 파네라이, 파텍, IWC 같은 시계를 번갈아 차고 향수는 바이레도나 조말론, 휴가는 셰이쉘로 가면 미적 감각 있는 젊은 부유층일까요?

차이를 구축하기 위해 '브랜드(기호)'를 자의로 선택한 것이 실제로는 소비사회에 유행 중인 코드에 종속되는 행동이라는 것입니다.

기호 소비에 익숙한 현대인들은 소비의 취향으로 나를 보여주고 스스로 분류하고 정의하며 타인과 자신을 카테고라이징 합니다. 가장 인기 있는 기호 분류는 부유층 기호입니다. 부유한 카테고리로 편입되고 싶은 이들은 부유한 자들의 기호와 취향을 흉내 내어 부유층 코스프레를 시도합니다.

수십짜리 신발에 또 수백짜리 패딩
수십짜리 시계에 또 으스대지 괜히
교육은 산으로 가고 학생도 산으로 가
21세기 계급은 반으로 딱 나눠져
있는 자와 없는 자
신은 자와 없는 자
입은 자와 벗는 자

또 기를 써서 얻는 자

이게 뭔 일이니 유행에서 넌 밀리니?

떼를 쓰고 애를 써서 얻어냈지, 찔리지?

…

니가 바로 등골브레이커

부모님의 등골브레이커

▶ 〈등골 브레이커〉 중에서

100만원에 가까운 노스페이스 패딩이 청소년들 사이에 유행했던 적이 있습니다. 청소년들이 부모님을 졸라 무리해서 그 패딩을 사는 바람에 노페 패딩은 '등골 브레이커'로 불렸지요. BTS는 등골 브레이커에서 부모님께 부담 지우며 철없이 물신주의를 좇는 청소년 문화를 비판했습니다. 지금은 안타티카, 노비스, 캐나다구스, 몽클레어인가요? 해마다 브랜드는 바뀌지만 유행하는 하이엔드급 패딩과 명품 아이템은 계속 존재합니다. 로고를 통해 취향을 전시하며 해당 계급 카테고리에 진입을 시도합니다.

노르웨이 철학자 소스타인 베블런은 유한계급론에서 부유층의 과소비는 과시를 위한 것이고 더 문제는 그 아래 계층의 '모방본능'이라고 하였습니다. 부유층을 지탱해주는 사람들은 노동자들인데 노동자들이 유한 계급을 비판하는 게 아니라 과로하면서 낭비하며 모방소비를 한다고요.[2] 예링에 따르면 중산층이나 노동자들이 따라했을 때 부유층은 바로 그 아이템을 버린다고 합니다. 그러면 부유층은 또 새로운 아이템을 구입하고 아래 계층은 또 따라하는 사이클의 악순환이 생겨납니다.

훈련되어 몸에 밴 소비에의 갈망은 끊임없이 새로운 소비를 계속하도록 우리를 몰아붙입니다. 부유층 따라 하기가 아니더라도 소비의 무한궤도는 끝이 없습니다. 지불의 완료는 욕망 해소가 아니라 욕망하고 싶은 욕망의 해소이고 새로운 욕망의 점화입니다.

> 돈은 없지만 떠나고 싶어 멀리로
> 난 돈은 없지만 서도 풀고 싶어 피로
> 돈 없지만 먹고 싶어 오노 지로
> 열일 해서 번 나의 pay
> 전부 다 내 배에
> 티끌 모아 티끌 탕진잼 다 지불해
> 내버려둬 과소비 해버려도
> 내일 아침 내가 미친놈처럼 내 적금을 깨버려도

▶ 〈고민보다 GO〉 중에서

BTS는 고민보다 GO에서 내일이 없는 것처럼 오늘 모두 소비하는 문화를 언급합니다. 2017년 대한민국을 흔든 키워드 중 하나인 YOLOYOLO, You Only Live Once를 언급하며 소비에 열광하는 문화를 비판합니다. YOLO는 현재의 행복을 추구한다는 겉포장을 하고 있지만 실제로는 미래를 빌려 현재를 사는 소비행태입니다. 주로 돈으로 사는 행복인 것이 문제이죠.

지그문트 바우만은 교육을 통한 '문화혁명'으로 소비의 무한루프를 끊어낼 수 있다고 하였습니다.[3]

BTS는 당연시 되어버린 소비기호의 전시와 로고로 부를 과시하는 현상, 돈으로 미래를 저당잡고 현재의 행복을 사는 문화를 비판합니다.

BTS는 그들이 가진 문화적 영향력으로 소비문화의 문제점을 지속적으로 시사해왔습니다. 그들은 음악으로 소비기호가 아니라 사회와 문화의 패인 곳, 오류들, 굴곡 같은 것들을 조명해 전시합니다. 이런 것이 바우만이 말한 '교육을 통한 문화혁명'이 아닐까요?

청춘들이 겪고 있는 불평등과 빈곤은 빈곤이 게으름과 부실한

선택의 결과라는 우파의 주장이 통하지 않는 곳입니다.

자식이 부모를 선택할 수는 없으니까요.

존 롤스

02 N포 세대, 너의 책임이 아닙니다.

3포 세대 : 연애, 결혼, 출산

5포 세대 : 3포 + 내 집 마련, 취업

7포 세대 : 5포 + 취미, 인간관계

이렇게 시간이 지날수록 쌓여만 가는 청춘이 포기한 것들.
청춘들은 왜 포기할까요? 어른들의 말대로 정말 정신이 나약해서 그럴까요? 시대가 다른데 청춘들의 포기를 어찌 함부로 말할 수 있을까요?
포기의 중심엔 경제적 문제가 있습니다.

우릴 공부하는 기계로 만든 건 누구?

일등이 아니면 낙오로 구분 짓게 만든 건
틀에 가둔 어른이란 걸 쉽게 수긍할 수밖에
단순하게 생각해도 약육강식 아래
친한 친구도 밟고 올라서게 만든 게 누구라 생각해?
What?

▸ 〈N.O〉 중에서

시스템에서 시키는 대로 열심히 살고 대학까지 졸업했는데 내 손에 남은 건 갚아야 할 학자금 대출과 취업걱정입니다.
흔히 눈이 높아서 취업을 못한다고 말하지만 매월 학자금 대출을 갚으려면 편의점 시급수준의 월급으로는 어림없기 때문이라는 건 왜 모를까요?

어쨌든 일단 현실과 타협한 직장에 취업을 했습니다. 그런데 이상한 것은 일해서 돈을 버는데도 돈이 없습니다. 큰돈이 아니라 연애나 취미생활을 즐길 돈도 부족합니다. 돈이 부족한 이유는 학자금 대출이나 월세 같은 빚 때문입니다. 존재 비용이 노동 비용을 넘어서니 빚을 지게 됩니다.

부모님이 넉넉하지 않다면 빚이 가득한 채 사회의 출발점으로 던져집니다. 전 세계적으로 비슷한 현상입니다. 2017년 영국 싱크탱크인 재정연구소(IFS)는 영국 대학생들이 평균 5만 파운드(7천7백25만원)의 빚을 안고 대학을 졸업할 것이라고 예측했습니다.

이탈리아의 사회학자이자 철학자 마우리치오 라자라토는 '부채(빚)가 현대 사회를 움직이는 주요 권력이 되었다고 하였습니다. 개인들이 빚에 지배되게 된 것은 잘나가는 놈을 더 밀어주고, 부자에게 부가 계속 축적되는 시스템을 제어하지 않는 신자유주의 시스템에 있다고 보았습니다.[4]

신자유주의는 1970-1980년대 미국과 영국에서 시작된 경제정책으로 한마디로 국가개입을 줄이고 부자들 위주로 굴러가게 놔두는 시스템입니다. '세계화', '금융 자유화'라는 어려운 이름이지만 사실은 '국제적 돈놀이'를 전면 허용한 것과 다르지 않습니다. 지금은 전 세계를 지배하는 정치/경제의 헤게모니입니다.

누군가 돈놀이로 일하지 않고 돈을 벌면 누군가는 희생됩니다. 돈놀이의 이윤은 누군가의 등골이지요.

한스 피터 마르틴은 세계화의 덫에서 20%에게 계속 부가 집중될수록

80%는 점점 더 힘들다고 하였습니다. 그 희생자가 화이트컬러를 포함한 임금노동자와 하층민이라고 하였습니다. 엷어지는 사회보장의 울타리에 대한 걱정도 같이 하였고요.[5]

현대철학자 들뢰즈와 가타리도 '앙티오디이프스'에서 "돈이 순환되는 것은 무한한 부채를 만들어 내는 수단이다"라며 돈이 부자들의 손으로 되돌아가게끔 설계된 세상에 살고 있다는 점을 재확인하였습니다.

N포 세대에 대한 책임은 신자유주의 시스템이 져야 합니다. 더 큰 잘못은 그 책임을 개인의 책임과 죄책감에 뒤집어씌우는 데 있고요. 신자유주의의 돈이 지배하는 룰에 세뇌되어 자란 청춘들은 노력과 의지 부족이라는 기성세대들의 비난에 본인 잘못이라는 죄책감까지 안고 인생의 가장 아름다운 시간을 고통 속에서 살고 있습니다.

> 3포 세대 5포 세대
>
> 그럼 난 육포가 좋으니까 6포 세대
>
> 언론과 어른들은 의지가 없다며 우릴 싹 주식처럼 매도해
>
> 왜 해 보기도 전에 죽여 걔넨 enemy enemy enemy
>
> 왜 벌써부터 고개를 숙여 받아 energy energy energy
>
> 절대 마 포기 you know you not lonely

너와 내 새벽은 낮보다 예뻐

So can I get a little bit of hope yeah

잠든 청춘을 깨워 go

▶ 〈쩔어〉 중에서

BTS는 너의 잘못이 아니라고 합니다. 비난은 무시하고 죄책감을 벗어나 너의 담론을 만들어 내라고 합니다. 채권자가 돈을 빌려주고 가져간 낮의 시간 대신, 그들의 감시 밖에 있는 너와 나의 새벽에요. 너만의 시간에 도전이라는 이름의 청춘을 깨워 희망을 조각해내자 합니다. 혼자가 아니라 BTS가 옆에 있어준다고요.

BTS의 주장은 라자라토의 주장과 같습니다. 라자라토는 신자유주의라는 시스템 지배자들이 제시하는 삶의 양식을 거부하고 그와는 다른 게임, 다른 삶을 살라고 하였습니다. 이것은 계급투쟁이며 당신의 주체성, 정체성을 위한 투쟁이라고요.[6]

BTS는 기성세대들이 원했든 아니든 결과로 많은 청춘들의 이름표가 되어버린 N포 세대 시스템에서의 탈출이 필요하다는 것을 청춘들에게 이야기합니다. 아는 것은 바로 탈출의 시작입니다.

"앞을 향해 살아간다는 말은 '세계'와 '세계'가 펼쳐내는 '삶의 새로운 가능성'을 믿는다는 뜻"입니다.[7]

여기서 '세계'는 시스템에서 주어진 세계가 아니라 내 주체적 세계이겠지요.

기업가의 자녀와 노동자의 자녀의 인생전망이 동일할 수는 없으며

이들 사이의 불평등이 최대한 교정될 때 자유주의 사회가 정당화된다

존 롤스

03 금수저와 흙수저

그 말하는 넌 뭔 수저길래

수저수저 거려 난 사람인데

▶〈불타오르네〉 중에서

꿈이 빌딩주인이나 백만장자인 사람을 흔히 볼 수 있습니다.
지금, 2017년 대한민국은 그렇게 말하는 사람이나 듣는 사람이나 모두 어색하지 않은 가치관의 시대입니다.

돈이 많은 문제를 해결해 줄 수 있지만 타고난 재산규모로 계급을 분류하는 신카스트 제도, 수저론은 돈이 꿈과 선이 되는 사회를 만들기에 특히 가치관을 만들어 나가는 과정에 있는 청춘에게는 치명적 독 같습니다.

BTS는 '수저'라는 이름으로 계급이 분류되는 문화를 비판하며 '난 사람인데' 라며 계급으로 분류될 수 없는 인간의 가치를 강조하였습니다.

수저론의 문제점은 꿈을 펼치기도 전에 사람의 가치를 폄하하는 계급을 확정짓고, 금전적 계급상승이 꿈이 되게 한다는 것입니다.

금전적 계급상승이 꿈이 되면 과정은 의미가 없어집니다. 무슨 일을 하던 돈만 잘 벌면 그만이니까요. 내가 하고 싶은 일, 행복하고 잘할 수 있는 일, 세상에 기여할 수 있는 가치 같은 건 중요하지 않고 오직 돈 잘 버는 직업과 부자만 각광받고 북극곰이나 고래보호, 환경을 위해 일하는 사람들처럼 돈도 별로 못 버는데 세상을 위해 노력하는 이들은 바보 취급당하겠지요.

소유한 화폐의 가치로 사람이 평가받아선 안 됩니다.
돈이 꿈이 되어서도 안되구요.

세계적 자산가 워렌버핏도 '자신의 일을 즐기면 돈은 따라온다.'며 꿈의 성취를 더 중요하게 보았습니다. 또 '정직하게 번 돈이 세상에서 가장 아름답다'며 돈을 버는 과정의 도덕성도 강조했습니다.

'정의란 무엇인가'의 마이클 샌델도 경제적 풍요가 최고의 선이 되어 버린 시대를 걱정하며 기초적 가치와 도덕의 상실을 걱정하였습니다.

> 난 뱁새다리 넌 황새다리
> 걔넨 말하지 '내 다린 백만 불짜리'
> 내 게 짧은데 어찌 같은 종목 하니?
> They say '똑같은 초원이면 괜찮잖니!'
> Never Never Never
>
> 내 탓이라니 너 농담이지
> 공평하다니 oh are you crazy
> 이게 정의라니 you mu be kiddin' me!
> …
> 아 노력노력 타령 좀 그만둬
> 아 오그라들어 내 두 손발도

▶〈뱁새〉 중에서

BTS는 흙수저를 뱁새, 금수저를 황새라고 비유하며 금전 계급에 따른 불공평에 대한 화두를 던집니다. 노력하면 누구나 이룰 수 있다는 교과서 같은 이야기는 현실을 더욱 피폐하게 만든다는 것도요.

미국의 철학자 존 롤스는 출생으로 생기는 사회적 행운을 우연한 것들 the contingent이라 하여 사회적 행운, 부유한 가정에서의 출생, 성장기간 중 교육의 혜택, 상속이 그것이라고 하였습니다. 이 과정에 개인은 어떤 노력도 없이 출생하고 그것을 누릴 뿐입니다.

BTS는 불공평한 조건에서의 경쟁은 정의가 아니라고 하였습니다. 노력만으로 쉽게 극복되는 것도 아니니 내 탓도 아니구요.

그렇다면 이런 불평등과 옳지 않음을 평등과 옳음으로 바꾸는 방법은 무엇일까요?

> 룰 바꿔 change change
>
> 황새들은 원해 원해 maintain
>
> 그렇게는 안 되지 BANG BANG

이건 정상이 아냐

▶ 〈뱁새〉 중에서

BTS는 황새들만을 위한 룰을 바꿔야 한다고 합니다.

부자의 10억짜리 롤스로이스를 박은 가난한 트럭기사가 그 돈을 다 물어줘야 하는 룰이 정말 정상인가요?
플라톤은 부자와 가난한자 사이의 재산차가 4배가 넘어서는 안 된다고 하였습니다. 완벽한 평등이나 플라톤 같은 이상적 사회까지는 아니더라도 불평등 해소를 위한 합리적인 시스템이 계속 도입되어야 합니다. 가난한 운전자를 보호하기 위해 자동차 사고에서도 재산규모에 따른 보험료 차등 부담 같은 법을 만들면 사고로 어려운 가정이 망가지는 것을 막을 수 있겠지요.

1900년대였다면 룰을 만들고 바꾸는 방법이 혁명이었을지도 모릅니다. 그런 사상을 가지고 러시아나 중국이 공산주의 혁명을 성공했고요.

하지만 2000년대는 강제와 혁명의 시대가 아니라 디지털과 부드러움의 시대입니다.

21세기의 평등은 마르크스주의자들의 이상향처럼 전원 평등같은 건 아닙니다. 높은 누진세로 부자들이 국적을 바꾸게 하는 것도 아니라고 생각합니다.

나아가야할 방향은 자발적 문화의 확산입니다. 빌 게이츠, 워렌 버핏이 자선단체를 설립해 사회를 위한 활동을 하고 오뚜기와 LG와 김연아선수가 기준을 갖고 돈과 능력을 기부하며 사회를 보살피듯이, 명확한 의도를 가진 선한 행동들이 사회적 자본을 만들어냅니다.

사회적 자본은 고양이나 강아지 유기에 대한 차가운 시선이 확산되었던 것처럼 사람들 사이에 공유되는 가치 있는 생각입니다. 지식이든 능력이든 많이 가졌으면 당연히 나누어야 한다는 생각도 공감하는 인식이 확산되면 사회적 자본이 될 수 있습니다. 돈으로 나누어진 계급이 사라져야 한다는 인식이 공유되면 사회적 신뢰가 확산될 것이고 이는 무형의 사회적 자본을 키워나갈 것입니다.

모두가 서로 그래야 한다고 믿는 그런 가치를 계속 나누어야 사회적 자본이 확산됩니다. 옳다고 믿는 것들을 실천하는 사람과 기업, 그리고 정치인을 지지하는 일이 사회적 자본의 확산에 기여할 것입니다.

BTS의 수저론과 계급론에 대한 목소리는 청춘들에게 문제점을 생각하게 하는 사회적 자본의 확산입니다. 교육의 의도였든 화두의 제시였던 간에 그 메시지는 가치를 헤아릴 수 없을 만큼 소중합니다.

'흙수저'는 잘못된 시스템의 피해자라는 뜻을 담고 있습니다. 타고난 재산의 유무로 차별받는다는 뜻도 포함하고 있습니다. 인종과 종교, 성과 언어 같은 것으로 차별받는 것과 똑같은 일이 일어나고 있다는 증거입니다.

우리는 태어나면서부터 보장받아야 할, 존중받아야 할 인간으로서의 가치를 가집니다. 재산의 유무로 나눠지는 계급과 차별이 사라져야 한다는 생각을 하고 그 생각을 나누는 것이 차별을 없애는 시작입니다.

인간 각자는 입법자예요.

칸트 철학에서는 누구도 순종할 권리를 갖지 않아요.

한나 아렌트[8]

04 Change

부조리, 불공평, 부정부패, 불의 같은 추상적 단어들은 나랑 상관없어 보이지만 팍팍한 삶의 원흉이자 내가 참여한 정치의 결과입니다.

재미가 없어서,
먹고 살기 바빠서,
쉴 때는 놀기 바빠서,
정치에 관심을 갖지 않았습니다.
그들이 원하는 것이지요. 관심도, 목소리도 없는 것.
그래서 일부러 어렵고 지루하게 얘기하는 걸까요.

The world's goin' crazy

넌 어때 how bout ya

You think it is okay?

난 좀 아닌 것 같어

...

우린 다 개 돼지 화나서 개 되지

황새 VS 뱁새 전쟁이야 ERRDAY

미친 세상이 yeah

우릴 미치게 해

...

뉴스를 봐도 아무렇지 않다면

그 댓글이 아무렇지 않다면

그 증오가 아무렇지 않다면

넌 정상 아닌 게 비정상

온 세상이 다 미친 것 같아 끝인 것 같아

▶〈Am I Wrong〉 중에서

Am I wrong은 비뚤어진 사회에 대한 비판과 동시에 정치에 관심을 갖지 않는 이기적인 사람들에게 경종을 울리는 노래입니다.

> 어짜피 대중들은 개, 돼지입니다.
>
> 뭐하러 개, 돼지들한테 신경을 쓰고 계십니까?
>
> 적당히 짖어대다가 알아서 조용해질 겁니다.
>
> – 영화 〈내부자들〉 백윤식의 대사 중에서

실제 우리나라의 한 정치인도 민중은 개돼지라는 발언을 하며 고정된 신분제도가 있었으면 좋겠다고 하였습니다.

그들이 두려워하는 것은 계속해서 짖어대는 것입니다. 입을 열고, 내 권리를 내가 찾아야 합니다.

평등 조정 인간 개발지수(IHDI)는 국민소득과 교육, 건강수준들에 대한 불평등 수준과 기회의 수준에 대한 지수인데 2017년 우리나라의 순위는 32위로 사회 불평등이 심화하면서 순위가 하락한 것으로 나타났습니다.

세계적으로도 싱가포르, 모리셔스, 북유럽 일부 국가들을 제외하고는 정치로 인한 사회 불평등이 심각한 문제입니다.

이런 불평등, 부조리, 불의 같은 것들을 바로잡을 주체가 정치입니다. 사회를 변화시킬 방법이지요.

아리스토텔레스는 정치가 공공장소에서 자신의 의견을 드러내는 것이라고 하였습니다. 아리스토텔레스가 살았던 아테네시민들은 통치자가 일반 시민들과 분리되어 계속 통치하는 것은 민주주의가 아니라고 생각했습니다. 아리스토텔레스는 "자유는 통치하는 것과 통치 받는 것을 번갈아 하는 것이다."라고 하였습니다.[9]

목소리를 내는 것이 정치입니다. 목소리를 내는 사람이 통치하는 것입니다. 싸우거나 투쟁하는 것이 아니라 잘못을 바로잡기 위해, 정의를 위해 의견을 말하는 것입니다.

> Oh tell me that dark can't never win the light
>
> Oh tell me that wrong can't never win the right
>
> Oh in this crazy world whould I have to be patient till we get the pearl
>
> But this world always teaches me preaches me how to curl oh fuck

the school

...

What should we tell our sons

You know that they will be the man like you and me

If hope is a taste

What is yours what you eat all day

And if your love is a game

Are we losin losin

World is gonna change

...

Prayin for better place for you and I

▶ **RM & Wale 〈CHANGE〉** 중에서

BTS 멤버인 RM이 미국 랩퍼 Wale과 함께 발표한 이 노래에서는 빛이 어둠을 이기고 정의가 불의를 이기기를 노래합니다. 또 변화와 함께 다음 세대도 걱정하고 있습니다.

경제학자 앤서니 B.앳킨스는 지금 우리가 낮닥뜨리고 있는 환경으로 인한 불평등한 기회와 불공평한 결과는 다음 세대로 이어진다고 하였습니다. 오늘 결과의 불평등에서 이익을 얻는 이들은 내일 자녀들에게 불공평한 이익을 물려줄 수 있다는 것입니다.[10] 반대로 불평등으로 인한 손해도 유전됩니다.

오늘 집에 가는 길에 치약을 사야 하는 것 말고도 관심을 가져야 할 일이 있습니다.

예를 들어 대학에서는 어째서 그 많은 등록금을 내고 듣고 싶은 강의를 들을 수 없을까요? 학부제의 목적은 스스로의 교육과정을 스스로 선택하기 위한 것 아니었나요? 왜 학문추구권을 침해받아야 할까요? 수강신청에서 많은 이가 듣고 싶은 강의의 정원을 제한하는 것은 학생의 권리를 침해하는 것이 아닐까요? 내가 뽑은 학생회가 축제에 인기가수만 부르면 만족합니까? 듣고 싶은 과목의 수강신청을 늘리는 담당자가 누구입니까? 그 사람이 행동하게 하려면 누구를 학생회장으로 뽑아야 하나요? 어떤 방법이 가장 효과적일까요?

분리수거일이 한 달에 한 번인 아파트도 있다고 합니다. 모두가 그 룰을 참고 따른다는 것이 조금은 무섭기까지 합니다. 또 어떤 아파트는 난방비를 안내는 사람이 있고 나머지 사람들은 본인이 그 사람의 난방비를 나눠서 내주는 것을 알고 있으면서도 침묵합니다.

"NO"나 "틀렸어요"를 말하는 사람은 나쁜 사람이 아닙니다.
왜 SNS에는 '싫어요' 버튼이 없나요?

"정치는 혐오스럽다. 그렇게 생각하지 않는 사람은 드물 것이다. 정치는 쉴 새 없이 곰팡이가 슬고 먼지가 쌓이는, 불결하고 악취 나는 안방과 비슷하다. 안방이 그렇다는 이유로 넓은 안방을 버려두고 비좁은 골방에 웅크린 채 구시렁거리며 사는 건 바보 같은 일이다. 상황이 그렇다면 먼지와 때를 묻힐 각오를 하고는 두 팔 걷고 안방에 들어가 곰팡이와 먼지를 제거해서 사람 살 만한 곳으로 만드는 것이 옳은 일 아니겠는가? 아렌트가 강조한 정치적 사유와 행위는 이런 것이라 생각한다."[11]

한나 아렌트는 world를 정치를 위한 공간이라는 의미로 사용하였습니다.
모두가 살기 좋은 곳을 만들기 위한 작업이 정치입니다.
작업자는 우리 자신들이구요.

아리스토텔레스와 플라톤이 미소를 지을 것 같은 BTS의 빛나는 메시지가 화려한 무대에서 끝나지 않고 청춘들의 심장에 깊이 새겨졌으면 좋겠습니다. 대중들의 손끝과 발끝으로 이어져 의견을 말하는 사회가 되는 데 큰 빛이 되기를 기대합니다.

기억할 것은 99%는 1%보다 크다는 것.

우리의 힘은 생각보다 강하다는 것입니다,

희생양의 존재를 묵인하지 않고

허허벌판으로 떠난 사람들

05 도덕과 정의

BTS가 2017년 2월 발표한 '봄날'의 뮤직비디오에서는 어슐러 르 귄의 '오멜라스를 떠나는 사람들'의 오마쥬를 담은 서사가 진행됩니다.

'오멜라스를 떠나는 사람들'의 내용은 평생을 지하실에 갇힌 단 한명의 희생양을 담보로 오멜라스라는 마을의 나머지 사람들의 행복은 보장된다는 내용입니다. 그 희생양의 존재를 모른 척 해주기만 하면 나머지는 모두 행복해질 수 있는 것이죠. 소설에선 그렇게 모른 척 하지 못하는 사람들은 마을을 떠나 알 수 없는 곳으로 향했다고 합니다.

'봄날'의 뮤직비디오에서 BTS 일부 멤버들은 Omelas라는 간판의 집으로 들어가 파티 중이던 나머지 멤버들을 데리고 나와 모두 함께 기차를 타고 허허벌판으로 떠나는 장면이 나옵니다. 그들은 무엇을 위해 떠났을까요?

존 롤스는 사회정의론에서 최대다수의 최대행복이 옳다고 지지하면서도 한 사람을 희생시켜 많은 사람들을 행복하게 하는 것은 옳지 않다고 보았습니다.

마이클 샌델도 정지는 불가능한, 시속 100Km로 달리는 기관차 기관사가 직진 기찻길 위에서 작업하는 5명의 작업자와 샛길에서 작업하는 1명의 작업자 사이의 갈림길에서 어떤 희생을 선택을 해야 하는지 물었습니다.

빌보드 수상 직후 가진 기자회견에서 "BTS는 이제 더 이상 흙수저도 아니고 청춘들의 헝그리함을 내 얘기로 나눌 수 없게 되었는데 어떤 이야기를 풀어 나갈거냐"는 질문이 있었는데 그에 대한 대답이 '봄날'의 뮤직비디오가 아닌가 합니다.

희생양의 존재를 묵인하며 행복을 누리지 않고, 무엇이 닥칠지는 모르겠지만 안락함을 버리고 세 번째 방법을 개척하러 떠나겠다는 것이 아닐까요?

내가 꿈을 이루면 나는 또 누군가의 꿈이 된다고 합니다.

나는 그런 사람이고 싶습니다.

여러분 모두의 꿈이고 싶습니다.

▶〈BTS Letter for ARMY〉 중 RM의 메시지

내 자신의 꿈을 찾고, 자신으로 존재하기를 보여주고 난 이후에는 결국 공동체에 대한 이야기입니다.

법률이 정하지 않아도 스스로 정한 옳음, 가치판단을 따르는 것이 스스로의 정의입니다.

BTS는 세월호 유족에게 1억원을 기부하였습니다. 공동체를 생각하는 것, 주위에 주의를 기울이는 것, 행동하는 것으로 전파하는 것을 생각하게 합니다.

많은 사람들이 사랑하는 대상이 되고, 오랜 노력과 초인적 노력이 오래 쌓이면 말과 행동에 '숭고'가 생겨납니다.

'숭고'를 구현하는 것이 현대예술의 특징입니다. 삶으로 예술하고 철학하는 것, '숭고'가 된 말과 행동으로 스스로 옳음이라고 생각하는 삶으로 떠나는것, 조심스럽게 앞으로 BTS의 행보를 그렇게 예측해 봅니다.

II

나의 꿈을 위하여

"슬프구나! 인간이 더 이상 자신의 너머로 동경의 화살을 쏘지 못하고,
그의 활시위가 윙윙거리며 날아가게 하는 법을 잊어버리는 때가 오다니!
그대들에게 말하노니, 춤추는 별을 낳으려면
자신의 내면에 아직 혼돈을 지니고 있어야 한다.
그대들에게 말하노니 그대들 내면에는 아직 혼돈이 있다."

니체, 차라투스트라는 이렇게 말했다.

06 꿈에게 동경의 화살을 쏘라

니체의 저서 '차라투스트라는 이렇게 말했다' 에서 차라투스트라는 산 속에서 오랜 수련 끝에 깨달음을 얻고 자신의 가치를 세상에 증명해 낼 수 있는 '초인'이 되라는 지혜를 대중에게 전하고자 속세에 내려옵니다. BTS는 지하 연습실에서 불확실한 미래에 대한 불안과 맞서 싸우며 땀에 젖은 밤들을 쌓아 태워 얻은 깨달음의 사리를 들고 청춘들에게 전하러 온 마치 21세기 버전 차라투스트라 같습니다.

그들의 음악과 영상, 메시지에서는 선하고 긍정적이지만 깊이 있는 영감을 전하려는 열정과 의지가 느껴집니다. 메시지의 주제들 중 가장 강렬한 것은 '꿈에의 도전'입니다.

얌마 니 꿈은 뭐니

네 꿈은 겨우 그거니

…

왜 말 못하고 있어? 공부는 하기 싫다면서

학교 때려 치기는 겁나지? 이거 봐 등교할 준비하네 벌써

…

너의 길을 가라고

단 하루를 살아도

뭐라도 하라고

▶ 〈No More Dream〉 중에서

니체는 '꿈'을 '동경의 화살'로 묘사하며 그것을 위한 수련을 '활시위가 윙윙거리며 날아가게'라고 하여 꿈을 세우고 성취를 위해 스스로 단련하여 초인이 되라고 하였습니다.

BTS도 단 하루를 살아도 너의 길을 가라며 꿈을 세울 것을 독려합니다. 또 꿈을 책임지기 두려워 현실에 안주하는 모습까지 적나라하게 폭로합니다. 사실 대부분 꿈이 없다기보다는 책임지기 싫어서 주어진 환경에 맞춰 살아갑니다. 꿈을 향해 도전하고 결과를 책임지는 것은 너무 힘

드니까요.

인스턴트와 가상, 대리와 속도의 시대이지만 내 꿈은 빨리 만들 수도, 대리하거나 배달받을 수도 없습니다.

내 작고 캄캄한 동굴 안에서, 외롭지만 나를 격려하고 다독이며 혼자서 만들어 가야하는 길이 내 꿈의 행로입니다.

BTS는 내가 열었던 그 문, 꿈으로 가는 문을 너도 같이 열자며 너의 벽에 문을 그리라고 간절히 노래합니다. 그들은 시와 음악으로 청춘들의 꿈을 함께 소망하고 격려하는 사람들입니다.

> 니 꿈을 따라가 Like Breaker
> 부서진대도 Oh Better
> 니 꿈을 따라가 Like Breaker
> 무너진대도 OH 뒤로 달아나지마 NEVER

▸ 〈TOMORROW〉 중에서

그들에게도 지름길은 없습니다. 부서질 것 같던 긴 시간을 견뎌내고 맞이한 내일이 BTS의 빛나는 오늘입니다.

아무리 하찮은 일이라도 적어도 한 번 이상 극복하지 않은 하루는
실패한 날이라고 할 수 있으며 다음 날은 위험한 날이다. 만일 자신이
지배자라는 기쁨을 지속적으로 누리려고 한다면 이와 같은
연마는 없어서는 안 되는 것이다.

니체, 인간적인 너무나 인간적인

07 열심히 하는 것이 차이

2017년 BTS의 빌보드 TOP SOCIAL ARTIST상 수상 후 가진 타임지 인터뷰에서 리더 RM은 BTS가 다른 그룹과 차별화 되는 점이 '열심히 하기working hard' 라고 하였습니다.

그는 다른 케이팝 그룹들 입장은 잘 모르겠지만 방탄소년단은 열심히 하고 춤과 작사 작곡에서 끊임없이 발전하는 것에 가치를 둔다고 하였습니다.

차이가 열심히 하는 것이라니. 열심히 하는 것에 얼마나 자신 있으면 그리 당당히 말할 수 있을까요?

밤새 일했지 everyday

네가 클럽에서 놀 때

…

하루의 절반을 작업에 쪄 쩔어

작업실에 쩔어 살어 청춘은 썩어 가도

덕분에 모로 가도 달리는 성공가도

▶〈쩔어〉 중에서

꿈을 세팅했다면 달성하기 위한 노력을 열심히 해야겠죠. 하지만 우리는 하루에도 몇 번씩 게으름과 포기와 타협하고 싶은 유혹에 시달립니다.

이런 우리를 꿰뚫듯이 BTS는 더 높은 자기가 되기 위한 깨어남을 위한 노력을 강조합니다.

꿈의 성공 비밀은 남들보다 더 열심히 하는 것이라고.

니체는 노력에의 의지를 강조했습니다. 작은 일에서부터 극복해내는 습관, 이런 작은 성공이 모여 자신을 높은 자신으로 만드는 것이라고.
한 번 이상 극복하지 않은 날은 실패한 하루라고 하였습니다.

Oh! 나만치 해 봤다면 돌을 던져

▶ 〈We Are Bulletproof PT.2〉 중에서

나만큼 해봤다면 돌을 던지라니! 그렇게 열심히 해서 안 되는 일이 있을까 하는 생각도 듭니다.

열심히 하기는 꿈을 향한 행로의 기술입니다. 꿈을 현실 위에 인쇄할 잉크는 땀입니다. BTS는 나를 극복하는 법(열심히 하기)을 메시지로, 삶으로 상영하며 청춘들을 각성시킵니다.

오늘날 대부분의 사람들에게는 이름이 없다. 얻을 수 있는 오직

하나의 이름은 '배제된 자'라는 이름인데, 이것은

이름이 없는 자들의 이름이다

알랭 바디우

08 내가 디자인한 나로 존재하기

◦ 1번 : 김철수, 중학교 3학년, 대한민국, 서울, 남자.

◦ 2번 : 커뮤에서 연성(그래픽 창작 같은 것을 일컫는 용어) 전문가 '마데오키' 님으로 불림.

애니메이션 좋아함.

장래희망 : 그래픽 디자이너로 창의성 인정받고 싶다.

1번은 나의 본질은 아닙니다. 이 사회가 내게 정해준 프로필이죠.

2번은 내가 선택한 인생입니다. 진짜의 나, 내가 일군 세계의 나입니다. 닉네임도 내 정체성을 비춰내는, 내가 지은 이름입니다.

하이데거는 1을 '비본래적인 삶'이라고 하며 대부분의 사람들이 살고 있는 삶이라 하였습니다. 1번은 그냥 있는 것, 2번이 진짜 존재하는 것이라고 하였죠. 주어진 틀 안에서만 사는 1번 삶을 벗어나 2번을 설계하고 실행하여 내 본래적 삶을 찾으라 하였죠.

내가 의도한 대로 존재하는지 상태를 끊임없이 체크하며 사는 것입니다. 하지만 2번으로 살려면 도전하고 책임도 져야 하죠.

자신에게 물어봐 네 꿈의 profile
억압만 받던 인생 네 삶의 주어가 되어 봐

▶ 〈No More Dream〉 중에서

BTS는 네 삶의 주어가 되라고 합니다. 시스템이 제공한 세상이 아닌, 내가 설계한 나의 판에서 내 세계를 펼치라는 것입니다. 안락하고 책임질 필요 없는 세상을 깨고 나와서요. 데미안과 10대의 어린 BTS가 했던 것처럼 말이죠.

하이데거는 내 의지가 만든 홀로그램으로 존재하는 것이 '존재exsistence'하는 것이라고 하였습니다.

자기 자신으로 존재하기 위해서는 '양심의 부름(내 양심에 물었을 때 내가 살기 바라는 모습)'을 위해 '책임을 질 수 있음을 각오하고' 미래를 향해 자신을 던지(기투)라고 하였습니다.

한나 아렌트도 "세상의 틀에 기대지 말고 전통의 후광에서 벗어나 스스로 전권을 가지고 세상에 '출석'해 현재를 실현하라."[12] 고 하였습니다. 세상에 그냥 있는 것이 아니라 내가 만든 이름표를 달고 내 의지로 원하는 무대에 출석해서 내가 정의한 모습으로 사는 것이 시간에 떠내려가는 것이 아닌 현재를 실현하는 방법입니다. BTS의 메시지와 같습니다.

> 삶은 살아지는 게 아니라 살아내는 것,
> 그렇게 살아내다가 언젠간 사라지는 것
> 멍 때리다간 너, 쓸려가
> IF YOU AIN'T NO GOT THE GUTS, TRUST
>
> ▶〈TOMORROW〉 중에서

BTS는 메시지뿐만 아니라 직접 세상에 출첵하고 실현하였죠. 살아있는 부처가 생불이라면 BTS는 살아있는 철학자, 생철生哲이라고 해야 할까요?

무슨 일을 벌이는 건 책임지기 두렵고 귀찮습니다. 시스템이 시키는 대로 적당히 하면 적당히 놀 수도 있으니까요.

하지만 시스템 안에 '그냥 있지' 말고 내가 정교히 정의하고 디자인한 시간에서 '존재'하라. 이것이 하이데거와 한나 아렌트, BTS의 공통된 메시지입니다.

Not 'just be', Be exist!

자기 자신을 하찮은 사람으로 깎아 내리지 마라. 그런 태도는
자신의 행동과 사고를 꽁꽁 옭아매게 한다. 무슨 일을 하더라도 자기 자신을
사랑하는 것으로부터 시작하라. 지금까지 살면서 아직 아무것도
이루지 못했을지라도 자신을 항상 존귀한 인간으로 사랑하고 존경하라는 것이다.
자기 자신을 사랑하면 결코 악행을 저지르지 않고 누구로부터 지탄받을 일도
저지르지 않는다. 그런 태도가 미래를 꿈꾸는 데 있어
가장 강력한 힘으로 작용한다는 사실을 절대로 잊지 마라.

니체, 이 사람을 보라

09 Love yourself

나는 이 영화가 너무 재밌어

매일 매일 잘 찍고 싶어

난 날 쓰다듬어주고 싶어

날 쓰다듬어주고 싶어

근데 말야 가끔 나는 내가 너무너무 미워

사실 꽤나 자주 나는 내가 너무 미워

내가 너무 미울 때 난 뚝섬에 와

그냥 서있어, 익숙한 어둠과

…

I wish I could love myself

▶ 〈Reflection〉 중에서

나를 사랑하는 것. 아니 나를 미워하지 않는 것부터 시작해야 할까요? 매스미디어가 만들어낸 사랑받는 사람의 고정적 클리셰를 접하며 자란 청춘들은 자신의 외모, 성취를 자꾸 타인들의 시선과 인정을 통해 확인받고 사랑하려 합니다.

가정이나 기타 환경적 이유로 흙수저라던가, 쓰레기라던가 자신에 대해 부정적 관념이나 타이틀을 붙이기도 합니다. 자기혐오만큼 큰 저주가 있을까요?[13]

BTS와 같이 성공한 롤모델 같은 유명인도 자신을 향한 미움이 싹틀 때가 있다는 것, 그 또한 뾰족한 묘책 없이 그저 자기 자신을 쓰다듬고 사랑하도록 노력하겠다는 Reflection에서 RM의 모놀로그는 많은 청춘들에게 공감으로 위로와 용기를 전해줍니다.

미국의 시인 애널리 루퍼스는 자신이 덜 싫어지는 장소를 찾아냄으로써 자신을 사랑하는데 한발 다가갈 수 있다고 하였습니다.[14] BTS도 같은 방법으로 내가 싫어질 때 다독일 장소를 사용하는 법도 알려 주었네요.
BTS의 리더 RM은 2017년 빌보드 뮤직 어워드 소셜 아티스트상을 수

상소감으로 이런 말을 했습니다.

"Love myself, Love yourself"

그 메시지의 뜻을 묻는 기자의 질문에 답변하기를

"이것은 저를 가장 지탱해주는 말이고 꼭 나한테 여러분한테도 이걸 꼭 얘기 해주고 싶습니다. 스스로를 사랑하고 다른 사람들을 사랑하는 것이 어떤 건지에 대해 다시 생각해보면 좋겠다고 생각합니다."

1. 나를 사랑해! 너도 자신을 사랑해! (단절)
2. 나를 사랑할 테니 너도 너를 사랑해 (조건)
3. 내가 나를 사랑하길 성공해서 너도 너를 사랑하게 도와줄게 (인과)

그 동안의 메시지로 짐작하자면 BTS의 의도는 3번이 아닐까요?
자신을 사랑하는 사람만이 다른 사람을 사랑할 수 있습니다. 타인을 사랑해주려고 나를 사랑한 건 아니지만 내 자신을 사랑하게 되어 내 다리가 튼튼해지면 타인들이 내게 기대어 스스로 사랑할 힘을 키울 수 있게 돕는 것이 사랑을 가진 자의 열정인 것 같습니다.

니체는 '인간은 자신을 굳게 의지하고 두발로 용감히 서야만 사랑을 할 수 있는 능력을 가질 수 있다'고 하였습니다. 또 '그러므로 우리는 그를 유혹하여 자기 자신을 사랑하도록 하자!'며 자기 자신을 사랑한 후에는 자신을 혐오하거나 증오하는 타인들이 스스로를 사랑할 수 있도록 도와야 한다고 하였습니다.

노블리스 오블리제처럼 내 영혼과 사랑이 높아진 이는 타인이 스스로 설 수 있도록 도와줄 책임 아니 열정이 생기는 것 같습니다. 그게 바로 철학자들이 하는 일이겠지요. 지혜와 사랑의 나눔.

BTS는 Love Yourself라는 메시지를 통해 위버멘쉬(자신을 극복한 인간) 오블리제를 실천하려는 것 같습니다. 청춘들이 자신을 사랑하게 도움으로써 지혜와 사랑을 나누는 것 말입니다.

"자기 자신을 명확히 아는 것으로부터 시작하라. 스스로에게
거짓말을 하지 말고 항상 성실해야 한다. 자신이 어떤 사람인지, 어떤 습성을 갖고
있으며 어떤 반응을 보이는 사람인지 제대로 알아야 한다.
자신을 제대로 알지 못하면 사랑을 사랑으로 느낄 수 없다. 사랑하기 위해, 사랑받기
위해, 스스로를 정확히 아는 것부터 시작하라.
자신조차 모르면서 상대를 알기란 불가능하다."

니체, 아침놀

10 Know yourself

" I love I love I love myself

I know I know I know myself "

▶ 〈BTS Cypher 4〉 중에서

BTS Cypher 4의 가사는 놀랍게도 나를 알기에 나를 사랑한다는 니체와 하이데거의 철학을 꿰뚫고 있습니다.

하이데거와 니체는 닮은 부분이 많은 철학자입니다. BTS와 많이 닮은 철학자도 하이데거와 니체라고 생각됩니다.

니체는 나를 사랑하기 위해 나를 이해하라고 하였고, 하이데거는 주어진 시스템 속에 그냥 있지 않고 내 양심에 물었을 때 바라는 나의 모습으로 살기 위해 자신을 이해하라고 하였습니다. BTS는 나는 나를 알고 사랑한다고 하였습니다.

그렇다면 나를 아는 방법은 무엇일까요?

니체는 본래적 자기를 알기란 너무 어렵다며 본래적인 자신이 7의 70곱의 가죽에 싸여있다고 표현하였습니다. 본래의 자기를 발견하는 방법으로 우리가 평소에 존경하는 대상이 갖는 성격들을 고려해볼 것을 권하고 있습니다. 자신이 존경하는 영웅이야말로 본래적인 자기가 무엇인지를 간접적으로 보여주고 있다는 것입니다.[15]

우리가 존경하는 사람의 존경하는 점들을 리스트업 해보면, 내가 되고 싶은, 되어야할 내 모습이 나타납니다. 나의 정체성, 내가 누구인가에 대한 해답은 '되고 싶은 나'입니다. 되고 싶은 내 모습이 '나'입니다.

철학자 강신주님은 나를 알기 위한 방법으로 책을 많이 읽으라고 하였습니다. 내가 좋아하는 책이 무엇인지 알게 되면 내가 누구인지 알게 된다고.

나를 안다는 것은 과거의 나, 나의 특징과 습성을 아는 것뿐만 아니라 나의 꿈, 윙윙거리는 활시위가 꽂히는 과녁을 겨누는 미래의 나를 아는 것도 포함됩니다.
내 양심이 그리는 나의 모습이 지금의 내 모습과의 거리가 있다 하더라도 힘들여 올라가야 할 계단이겠지요.

BTS는 "0부터 시작한 건 맞다. 우리가 할 수 있는 최선을 다해 바닥에서부터 열심히 했다."고 하였습니다. 밑바닥에서부터 시작해서 한 계단씩 올라왔다는 것입니다.[16]

우리도 되고 싶은 나의 모습을 향해 한 계단 한 계단 올라가다보면 언젠가 내 인생의 뮤즈는 내가 될 수 있지 않을까요?

'오늘' 안에 해야 한다.

내일이 되면 어떤 장애물이 생길지 알 수 없다.

오늘 하루는 두 번의 내일과 같다.

벤자민 플랭클린

11 해답은 '바로 지금' 이라는 시간

내 의지와 상관없는 사회 시스템에서 벗어나 내 삶의 주인이 될 수 있는 비밀열쇠는 시간입니다. 시간 중에서도 바로 지금이죠.

인도의 철학자 크리슈나무르티는 먼 미래로 도망치려고 하지 말고 현재에 집중하라고 하였습니다.

"장차 나는 행복해질거야. 장차 나는 성공할거야. 장차 세상은 아름다운 곳이 될거야."[17]라는 생각은 대부분 행동으로 연결되지 않아서 생각과 행동 사이에 간격이 생깁니다. 그 간격에서 슬픔과 공포가 생겨납니다.

내일이 아니라 오늘에 집중하고 결과가 아니라 과정에 집중할 때 현재의 굴레에서 벗어날 수 있다고 하였습니다. 오늘 자신의 최대치를 써야 한다고 하였습니다.

더는 나중이란 말로 안 돼
더는 남의 꿈에 갇혀 살지 마
…
정말 지금이 아니면 안 돼
아직 아무것도 해 본 게 없잖아

▶ 〈N.O〉 중에서

BTS는 지금 당장 도전하라고 합니다.

아직 아무것도 내 의지로, 내가 하고 싶은 일로 한 것이 없는 청춘들에게 내 꿈이 시키는 일을 "지금" 시작하라고 합니다.

'지금'이란 시간의 철학자 하이데거도 강조한 시간 개념입니다. BTS는 나의 본질을 '지금 당장' 만나라고 합니다. 지금. 본질적인 나, 내가 존재해야 할 모습을 내면의 내가 말하는 양심의 목소리를 청춘의 시기에 찾지 못한다면, 너무 늦어버리지 않을까요.

지금이라는 시간의 사용권은 내게 있습니다. 반복해서 꿈을 향해 파내면 내가 잘하는 것과 못하는 것도 알게 되고 어떻게 해야 잘 파는지도 깨우치고 내 꿈을 정교하게 알게 되며 이루기 위한 많은 방법을 발견하게 됩니다.

오늘 나의 시간을 나의 꿈에 조준하여 최대로 사용하는 것, 그것이 내 삶의 주인이 되는 방법입니다.

우리가 그토록 기다린 내일도 어느새 눈을 떠보면 어제의 이름이 돼 /
내일은 오늘이 되고 오늘은 어제가 되고 내일은 어제가 되어 내 등 뒤에 서있네 /
삶은 살아지는 게 아니라 살아내는 것, 그렇게 살아내다가 언젠간 사라지는 것 /
멍 때리다간 너, 쓸려가

▶ 〈TOMORROW〉 중에서

BTS가 어린 나이에 꿈을 세우는 것과 이루는 것에 대한 철학을 깨닫게

된 것은 '지금'의 중요성을 알고, 매일매일 하루의 최대치를 채운 땀으로 실체가 정해진 꿈을 파냈기 때문인 것 같습니다.

상승의 동력은 희망과 긍지에서 나온다.

인간들로 하여금 반항하게 하는 것은 현실의 고통이 아니라

보다 나은 것들에 대한 희구이다.

에릭호퍼[18]

12 이사의 희망

학종, 의전원, 로스쿨, 외고와 특목고, 국제학교.

타고난 환경의 혜택 없이는 스스로 희망을 발굴하기 쉽지 않은 시대, 바늘 같이 얇은 사다리의 시대에서 우리는 어떤 희망을 찾을까요? 무거운 현실을 거슬러 헤엄쳐 오를 수 있을까요?

노력이든, 운이든, 스스로 계속 자신의 계단을 올라간 BTS는 많은 청춘들에게 지금까지 살아온 모습 자체로 희망을 줍니다.

> 좋은 건 언제나 다 남들의 몫이었고
>
> 불투명한 미래 걱정에 항상 목 쉬었고

연말 시상식 선배 가수들 보며 목 메였고

했던 꾸질한 기억 잊진 말고 딱 넣어두자고

우리의 냄새가 나 여기선

이 향기 잊지 말자 우리가 어디 있건

…

이사 가자

정들었던 이곳과는 안녕

이사 가자

이제는 더 높은 곳으로

텅 빈 방에서 마지막 짐을 들고 나가려다가

잠시 돌아본다

울고 웃던 시간들아

이젠 안녕

▸ 〈이사〉 중에서

BTS의 이사라는 노래는 한 계단 올라가며 이사 가며 느낀 심정을 담은 노래입니다. 물론 더 좋은 집으로 이사를 했겠지요?

지금은 세계적 명성을 누리는 유명인이 되었지만 그들의 꾸질 했던 시절에 대한 회상은 많은 청춘들에게 희망으로 전달됩니다.

아무것도 하지 않고 희망을 말한다면 그 끝엔 허무와 절망이 기다리겠지만 희망을 위한 노력을 계속한다면 우리도 더 높은 곳으로 이사를 갈 수 있겠지요. BTS의 희망은 실현으로 증명되기에 훈계나 잔소리가 아닌 꽃들의 로망이 됩니다.

이지성 작가는 꿈꾸는 다락방에서 구체적 장면을 생생하게 꿈꾸면 그대로 이루어진다고 하였습니다.

BTS의 노래들은 구체적 장면을 그냥 내 얘기로, 1인칭처럼 느끼게 하는데 탁월한 능력이 있습니다. 나도 언젠가 텅 빈 방에서 짐을 들고 나가려다가 돌아보며 같은 감정을 느낄 순간이 오기를 꿈꾸게 하는 힘이 있습니다. 그 힘은 솔직함과 진정성에서 오는 것이겠지요. 내가 주인공이 되는 날을 현실에 발 디딘채 생생하게 꿈꾸게 해 주는 능력이 BTS 음악이 가진 또 하나의 특별함이 아닐까 합니다.

III

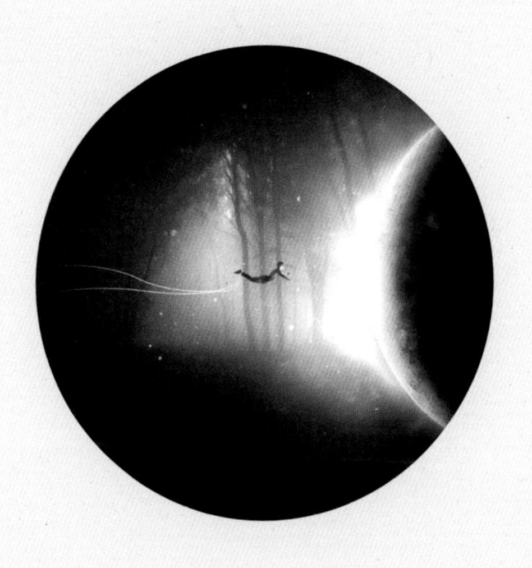

청춘을 위하여

청소년기에서 가장 큰 임무는 부모로부터 독립하는 것이다.

지그문트 프로이드

13 독립

본인은 피아노를 싫어하는데 피아노를 좋아하는 부모님 때문에 피아노 학원을 다니는 아이가 있습니다. 본인의 욕망은 무시하고 부모의 욕망을 만족시킴으로써 사랑을 얻고 싶어서겠죠. 자크 라캉은 아이는 부모의 욕망을 욕망한다고 하였습니다. 사랑을 얻기 위해서겠죠.

그렇게 부모님의 욕망을 지속적으로 만족시켜 드리며 교사나 공무원이 되고 부모가 원하는 사람과 결혼하고 나면 그것은 부모님의 인생 아닐까요? 그 과정에서 나의 자아는 억눌려 소리 지르며 울 수도 있겠죠. 부모님의 길로 한참 가다가 폭발하여 둘 다 엉망이 될 수도 있겠고요. 부모님의 욕망을 수용하다 억눌린 자아로 인해 마음이 아픈 병들을 얻을 수도 있습니다. 가장 심각한 것은 어디까지가 부모님, 어디까지가 내 인생인지도 모르는 삶이구요.

프로이드는 청소년기에 부모로부터 독립하는 것이 가장 중요한 임무라고 하였습니다. 부모님의 사랑에도 불구하고, 부모님과 타인들의 시선을 무시하고 내 욕망을 찾고 책임까지 지기란 정말 어려운 일입니다.

왜 나의 인생에서 나는 없고 그저 남의 인생들을 살게 됐어
이건 진짜야 도박도 게임도 아냐 딱 한번뿐인 인생
넌 대체 누굴 위해 사냐
9살 아니면 10살 때쯤 내 심장은 멈췄지
가슴에 손을 얹고 말해 봐 내 꿈은 뭐였지?
어 진짜 뭐였지

▶ 〈INTRO : O!RUL8,2?〉 중에서

BTS는 데뷔 초부터 지속적으로 자아를 찾아내고 내가 결정하는 삶을 살아야 한다고 강조합니다. 부모님과 선생님, 계급화된 꿈의 진열대들의 욕망을 만족시키는데 삶의 대부분을 보내는 청춘들에게 어깨를 흔들어 눈을 뜨라 합니다.

학교 대신 연습실에서 밤새 춤을 추고 노래 불렀네
너희가 놀 때, 난 꿈을 집도하며 잠을 참아 가며
매일 밤새 볼펜을 잡네 아침 해가 뜬 뒤에 나 눈을 감네
이중 잣대와 수많은 반대 속에서 깨부숴 버린 나의 한계

▶ 〈We Are Bulletproof Pt.2〉 중에서

부모님뿐만이 아닙니다. 타인들에게 인정받고 싶은 욕구, 내가 누구인지를 타인을 통해 확인을 받고 싶은 기준을 가진 사람들도 많이 있습니다.

어떤 인터넷 커뮤니티에 이런 글이 올라 왔습니다.

“28살이고 키는 178, 여자친구는 전문직이고 예쁩니다. 연봉은 4500 정도이고 모아둔 돈은 1억 정도 있습니다. 이정도면 평타(평균타율)치나요?”

뭐가 평타 치는지는 묻지 않더군요. 스펙인가 봅니다. 물론 자랑을 위한 글일 수도 있습니다. 평균 스펙을 가졌어도 평균보다 불행할 수 있습니다. 저 분은 남들이 무시하면 불행해지는 거니까요. 왜 내 자신의 행복을 모르는 타인들에게 물어보는 문화가 생겼을까요?

마크 저커버그, 스티브 잡스, 텀블러 창업자 데이비드 카프 (고교 중퇴) 데미안 허스트…. 모두 학교를 중퇴하고 자신들만의 시스템을 만들어 낸 사람들입니다. 데미안 허스트는 학교를 중퇴하고 '톱날로 몇 가지 작품을 만들어 내는 것만으로 이 세상에 이렇게 큰 반향을 이끌어 낼 수 있는지 몰랐다.'라는 말을 했습니다.

2016년에 나온 BTS의 2집 앨범 〈WINGS〉는 헤르만헤세의 데미안에서 모티브를 따왔다고 하며 앨범을 소개하는 쇼트필름에서 RM는 데미안의 유명한 구절을 래핑합니다.

> "새는 알을 깨고 나온다. 알은 세계다.
> 태어나려는 자는 한 세계를 부수어야 한다.
> 새는 신에게로 날아간다.
> 그 신의 이름은 아프락사스다."

▶ 헤르만 헤세 〈데미안〉 중에서

내가 누구인지, 어떻게 살지 스스로 알지도 결정하지 못하는 청춘들에게 BTS는 타인의 시선과 평가라는 세계, 부모님의 기대라는 세계를 깨고 나와 태어나는 삶이 있다는 것을 계속해서 언급합니다.

물론 부모님과 타인의 세계를 깨고 나오는 건 너무나 피가 바싹 마르고 뼈가 으스러지도록 힘들고 심장과 영혼이 터질만큼 어려워서 많은 사람들이 시스템에 복종하는 세계에 하나뿐인 내 인생을 바치기도 합니다.

사람들이 자기 자신에게 이르는 길을 가는 것보다
더 거부감을 느끼는 것은 이 세상에 결코 없다는 사실을!

▶ 헤르만 헤세 〈데미안〉 중에서

BTS가 데뷔 이래 발표한 모든 앨범을 관통하는 공통된 메시지가 있다면 그렇게 힘든 길임에도 나의 삶을 살라는 것이 아닐까 합니다.

그렇게 힘들어도 그럴 만한 가치가 있다고요.

벽과 같은 한계에 다다랐을 때,

지금 벽 앞이라고

나중에 이 벽을 돌아보자고 말하십시오.

그 정도면 다 짜낸 겁니다

잘한 것입니다

14 절망에 위로

해가 뜨기 전 새벽이 가장 어두우니까
먼 훗날의 넌 지금의 널 절대로 잊지 마
지금 니가 어디 서 있든 잠시 쉬어가는 것일 뿐
포기하지 마 알잖아 너무 멀어지진 마 tomorrow

▶ 〈TOMORROW〉 중에서

백수는 아침에 눈뜨면 할 일이 없습니다. 할 일이 없는데 마냥 좋지도 않고 왜 불안하고 불행할까요? 아무도 비난하지도 않았는데요.

사실 사람들은 대부분 아주 작은 격려 한마디에 인생을 바꿀 수 있을 만큼 나약한 존재인데 그 작은 칭찬과 격려가 그리도 받기 어렵습니다. BTS는 꿈꾸라고, 자아를 찾으라고도 하지만 꿈꾸기 어려운, 슬럼프에 빠져있는 청춘에게는 그들의 방식으로 위로와 격려를 건넵니다.

그들 스스로의 절망과 고통의 경험을 낱낱이 알려주면서요. 너만 그런 건 아니야. 나도 그랬어. 고통과 좌절을 딛고 일어서게 만드는 건 충고나 가르침이 아니라 공감과 위로와 격려입니다. 어차피 힘을 내서 일어나야 하는 건 내 자신이니까요.

> 하고 싶은 게 없다는 게 진짜 뭣 같은 게...
> 꿈조차 없다는 게 한심한 거 알아 다 아는데 ...
> 나 죽지 못해 살아...
> 모두가 달리는데 왜 나만 여기 있어...
> 무엇보다 괴로운데 외로운데 주변에선 하나같이 정신차려란 말 뿐이네
> 화풀이해 상대는 뭐 나쁜인데 뭘 화풀이해
> 매일 아침에 눈 뜨는 게 숨 쉬는 게 무섭네
>
> ▶ Agust D(SUGA의 솔로활동명) 〈So Far Away〉 중에서

세계적으로 잘나가는 뮤지션이 절망의 밑바닥 얘기를 길고도 자세하게 노래합니다. 내 밑바닥 이야기와 똑같습니다. 실제로 들어보면 솔직한 가사 뿐 아니라 그 목소리의 처절함이 진짜 내 절망의 찢어지는 고통을 대신 외쳐주는 느낌을 줍니다.

절망의 이야기를 들으며 삶의 의욕을 얻는다는 것이 아이러니 하지만 나만 그런 것이 아니라는, 지금 저 높은 곳에서 빛나는 스타도 나처럼 땅 파고 들어가는 나를 제지할 수 없던 괴로운 시간이 있었다는 위로입니다.

누구나 공부 잘하고 싶고, 꿈꾸고 싶고, 인정받고 싶은 마음은 똑같습니다. 지금 현실이 단지 내 탓일까요? '나도 그래' 청춘들에게 이보다 더 큰 위로가 있을까요? BTS는 캄캄하고 절망적이고 불안한 은둔의 시간은 중간 정차 역처럼 당연한 것이라고, 나도 그랬으니까 라고 말합니다. 내 절망을 말함으로써 타인에게 희망을 주는 것입니다.

길을 잃는단 건

그 길을 찾는 방법

▶ 〈Lost〉 중에서

그냥 하루만 더 버텨낼 용기라도 누군가에겐 얼마나 큰 의미일까요.

불안은 모든 인간이 거쳐야 할 모험이다.

모든 인간은 스스로 나락에 빠져들지 않기 위해 두려워하는

일을 배워야 한다.

키에르케고어

15 청춘의 불안

청춘이란 목적지도 모른 채 운전석에 탄 시속 200km 차에서 목적지와 운전법을 동시에 알아내는 일입니다.

난생 처음으로 자신의 몸과 마음을 내 뜻대로 조종할 자유를 가졌는데 왜 행복하지만은 않은 걸까요? 조종도 잘 안되고 어디로 가야할지, 뭘 모르는지도 모르는데 어찌 불안하지 않을 수 있을까요?

BTS는 2015년 4월 발표한 화양연화 Pt.1(청춘 3부작 중 1편)에서 청춘의 불안과 위태로움을 표현했다고 하였습니다. 그들 역시 불안한 청춘 한 가운데에서요.

오늘따라 림이 멀어 보여

코트 위에 한숨이 고여

현실이 두려운 소년

…

이 순간은 영원할 듯 하지만 해 지는 밤이

다시 찾아오면 좀먹는 현실

정신을 차리면 또 겁먹은 병신

같은 내 모습에 자꾸만 또 겁이 나

덮쳐 오는 현실감

남들은 앞서 달려가는데 왜 난 아직 여기 있나

▶ 〈Intro. 화양연화〉 중에서

BTS는 청춘의 정답을 제시한 것이 아니라 불안해하고 흔들리는 모습을 1인칭으로 담담히 묘사합니다. 불안하고 두려운 나를 '겁먹은 나'로 대신 발견하고 내 감정을 읽어줍니다.

키에르케고어는 불안은 모든 인간이 거쳐야 할 모험이라고 하였습니다. 모든 인간은 스스로 나락에 빠져들지 않기 위해 두려워하는 일을 배워야 한다고 하였습니다.

인간이 나락에 빠져드는 이유는 한 번도 불안 속에 있어본 적이 없거나, 불안 속에서 빠져나오는 법을 모르기 때문이라며 올바른 방식으로 불안해하는 것을 배운 자는 어떤 궁극적인 것을 배운 것이라고 하였습니다.

하이데거는 불안이 찾아올 때 인간은 매몰된 일상에서 벗어나 자신의 본질적 존재 자체를 문제 삼게 되므로 불안은 제거해야 할 문제가 아니라 긍정적 자극제라고 하였습니다.[19]

금메달은 결과를 모르고 최선을 다한 과정에 대한 찬사입니다. 청춘의 불안은 결정되지 않았기에, 무엇이든 될 수 있기에, 과정이라서 인생에서 가장 빛나는 순간의 한 조각입니다.

> 오직 불안 속에 있던 사람만이 평안을 얻는다
>
> –키에르케고르어

키에르케고어는 불안과 공포를 대상의 유무로 나누었습니다. 공포는 명확한 대상이 있는 것이고 불안은 무엇 때문에 불안한지도 모르는 것입니다.

공포가 마이너스 감정이라면 불안은 긍정과 부정 둘 다 가지고 있습니다. 결정되지 않아서 불안하지만 그만큼 큰 가능성이 열려 있습니다.

내 불안의 크기는 내 가능성의 크기입니다.

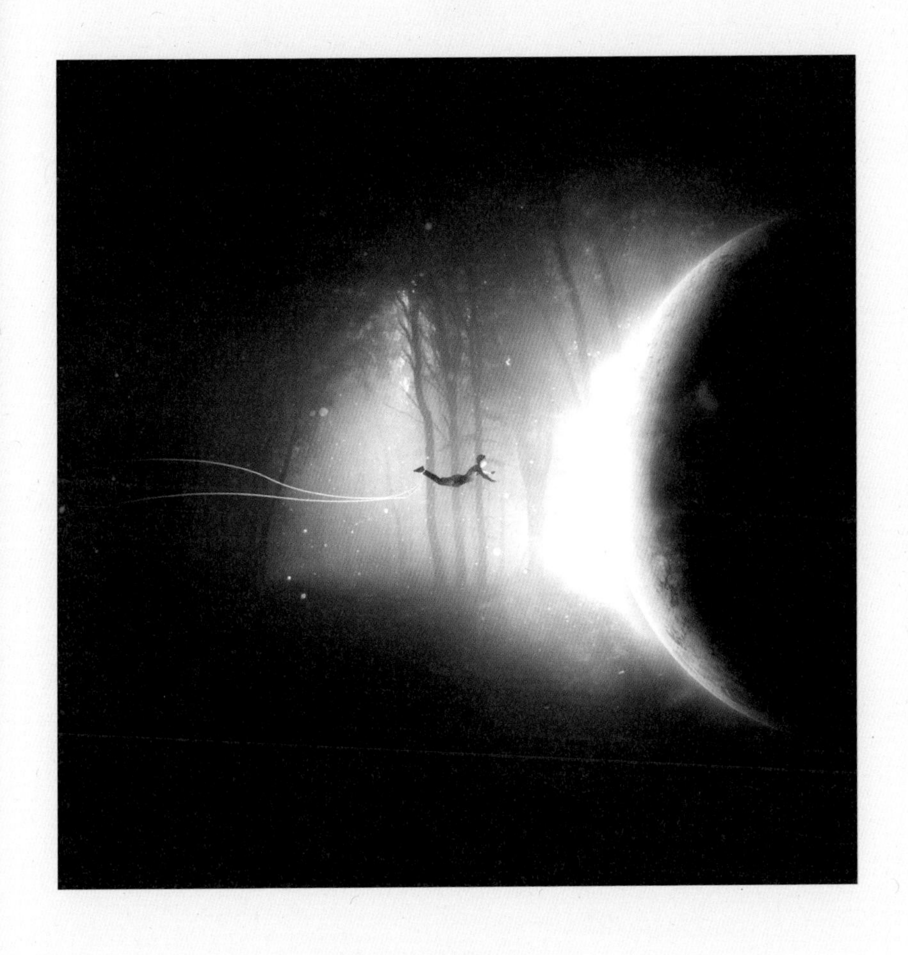

환희는 삶에서 그 자체로 가치 있는 것,

삶에서 사랑할 가치가 있는 것을 인식하는 것이다.[20]

마크 롤렌즈

16 청춘의 에너지

청춘의 무릎이 너무 싱싱해서, 그 어깨가 얇고 부드러워 다들 앞다퉈 그의 귀에 찬사를 속삭여댔습니다. 청춘의 아름다운 에너지는 남들이 시끄럽게 소비했습니다.

그래서 자신 안의 목소리가 안 들렸는데 겨우 듣고 보니 내 목소리를 따라 내 에너지를 쓰기가 더 어렵습니다. 찬사도 없고 봐주는 이도 없는 적막한 세계라서요.

다시 Run Run Run 넘어져도 괜찮아
또 Run Run Run 좀 다쳐도 괜찮아

가질 수 없다 해도 난 족해
바보 같은 운명아 나를 욕해

▶ 〈RUN〉 중에서

운명과 싸우는 것처럼 승률이 낮은 게임이 있을까요? 그런데 운명과의 승률은 경기 후 알게 됩니다. 운명의 승률이 내 편이 아닐 것 같다 해도 꿈을 향해 RUN 할 수 밖에 없는 이유겠지요.

니체는 인간이 위대함을 증명할 공식은 Amore Pati(運命愛 운명애)라며 자기 운명을 사랑하라고 하였습니다. 삶의 의미는 운명을 견디는 것이 아니라 사랑하는 것이라고. 주어진 운명이 고난의 가시밭길 같을 때는 '운명을 사랑'하는 것이 체념처럼 느껴져 쉽지 않습니다.

RUN의 가사는 운명의 존재를 인정하되 순종하지 않고 마치 고무줄에 묶어놓은 공처럼 다시 돌아온다 해도, 손닿지 않아 가질 수 없다 해도 달리겠다는 의지를 담고 있는 것 같습니다.

성공할 사랑이라서가 아니라 그 사랑이 내게 가치가 있어 사랑하는 것입니다. 청춘이니까요. 도구적 가치의 계산 없이 내 영혼의 환희를 위해 삶을 던질 수 있는 에너지와 순수함이 있다면 청춘입니다.
환희는 삶에서 그 자체로 가치 있는 것, 삶에서 사랑할 가치가 있는 것을 인식하는 것입니다.[21]

줄이 묶여있는지도, 길이가 얼마나 되는지도 모르고 그냥 뛰어내리고 달리고 부딪히다 보니 내 운명의 모양을 대충은 알아냈지만 흉터가 남을 수도 있습니다.

돌아갈 수 없다면 직진
실수 따윈 모두 다 잊길
Never mind
쉽진 않지만 가슴에 새겨놔
부딪힐 것 같으면 더 세게 밟아 임마
부딪힐 것 같으면 더 세게 밟아 임마

▶ 〈Intro : Never Mind〉 중에서

BTS는 실패를 두려워말고 부딪히라고 합니다. 용기를 이야기합니다. 두려우면 더 큰 용기를 내서 행동하라고.

베스트셀러 '미움 받을 용기'에서 철학자가 가장 해서는 안되는 것이 이대로 멈춰있는 것이라고 하였습니다. 멈춰 있으면 '난 아무것도 못해'라는 자기비하가 더 커지기 마련입니다. 용기를 내서 부딪치면 실패해도 능력치가 향상되죠.

말처럼 쉬운 도전, 실패가 아닙니다.
다신 겪고 싶지 않은 크기의 고통, 그 상처를 이를 악물고 참아내서 새살이 돋아나며 자란 능력입니다.

청춘이기에, 그 에너지 덕분에 겨우 견뎌낼 수 있는 실패입니다.
0.000001%의 확률에 거는 것이 아니라 아직 거기에 내 환희가 있기에.
미친 시도를 할 수 있는 에너지가 있기에.

그 자체로 가치를 느끼는 것이 환희다.

젊음은 환희가 놀이하는 곳에서 나타난다.

마크 롤랜즈

17 Young Forever

가치 없는 일도 재미로 해볼 수 있다면 청춘이라고 생각합니다. 가치 없는 일을 해보는 것 그 자체가 가치라고.

재미보다 더 큰 가치가 있을까요? 일탈이나 테두리를 깨기 위해 부딪혀 보는 일에서 재미를 느낄 수 있는 감정상태가 청춘, 젊음인 것 같습니다. 꿈을 위해 틀을 깨는 가치있는 도전일 뿐만 아니라 그냥, 재미있어서 부딪혀 보는 것. 그것도 재미를 위한 도전 아닐까요?

"그걸 왜 하는거야?"

"재밌잖아!"

이런 게 청춘이죠.

영원한 관객은 없대도 난 노래할거야

오늘의 나로 영원하고파

영원히 소년이고 싶어 나

▶ 〈EPILOGUE : YOUNG FOREVER〉 중에서

BTS 영포에버 앨범 중 영포에버의 가사입니다. 영원한 관객이 없다고 해도 노래하겠다고 하였습니다. 노래가 도구적 가치가 없어도 내가 환희를 느낄 수 있다면, 유료관객이 없어도 노래가 놀이가 될 수 있다면 소원대로 영원히 소년일 것입니다.

하이데거가 말한 도구적 가치가 득세하는 시대에서도 본질적 가치의 중요성을 아는 부모님이 있다면 이렇게 말했을 것 같네요. '너에게 놀이가 되는 것, 그 자체 때문에 하는 것을 찾아라. 그리고 그것을 할 때 너에게 임금을 지불하는 사람을 찾아라. 돈이 얼마가 되더라도 그 자체 때문에 하는 것을 쫓아야지 돈을 쫓아서는 안 된다. 항상 일이 아니라 놀이인 것을 찾아라.'[22]

하지만 놀이 같은 꿈, 환희 같은 일을 찾을 수 있을까요? 꿈과 일이 겹쳐지는 기적 같은 인생이 과연 내 것일까요?

BTS는 지치지도 않고 반복해서 이야기 합니다. 불확실한 가능성이지만 희망을 갖고 헤매 달려 찾아내라고. 내 꿈을 찾으라고. 용기를 갖고 전진해서 해내라고.

Forever we are young
나리는 꽃잎 비 사이로
헤매어 달리네 이 미로
Forever we are young
넘어져 다치고 아파도
끝없이 달리네 꿈을 향해
Forever ever ever ever
(꿈, 희망, 전진, 전진)

▸ 〈EPILOGUE : YOUNG FOREVER〉 중에서

꿈을 찾기엔 눈을 뜰 수 없을 만큼 장대비처럼 쏟아지는 사회의 요구와 잣대, 타인의 시선과 평가 같은 것들 사이에서 내 것을 찾기 위해 달리는 청춘들에게 아련하지만 단호한 용기로 북돋우는 BTS의 메시지입니다.

전 세계를 무대로 '전쟁 반대', '핵 반대' 운동을 벌이고 있는 이케다 다이사쿠 박사는 '큰마음을 먹고 첫걸음을 내딛는 용기'를 가진 사람이라면 누구나 '청년'이라고 말합니다.

계속해서 신선한 꿈을 띄우고 거기 닿기 위한 과정 속에서 행복하다면 청춘을 달리는 소년 소녀들입니다.

> Youth has no age.
>
> 청춘은 나이가 없다
>
> It just stays there, beautifully.
>
> 그저 아름답게 머무른다.
>
> And it's everyone, who's chasing their dream.
>
> 꿈을 쫓는 사람은 누구나 청춘이다.
>
> ▶ 〈INTRODUCTION : YOUTH〉 중에서

키에르케고어는 '죽음에 이르는 병'에서 "청년은 희망의 환상을, 노인은 추억의 환상을 가지고 있다"고 하였습니다. 노인이 되어서도 추억을 뒤돌아보지 않고 희망으로 현재를 채워나갈 수 있다면 청춘입니다.

유혹 당하는 사람이야 말로 매혹적인 사람입니다.

또 유혹당하고 있는 나를 바라보는 매혹과 유혹으로 이루어진

자신의 존재의 사랑스러움을 발견하는 사람이야 말로

가장 매혹적인 사람입니다.

뱅상 데콩브

18 유혹, 운명의 비밀 유희

미치도록 좋았지

달콤함에 중독된 병신

그래 병신

놓치긴 싫었어 악마의 손길을....

It's too evil

Too bad but it's too sweet

▶ 〈Intro : Boys Meets Evil〉 중에서

'소년, 유혹을 만나다' 라는 타이틀로 2016년 발표된 앨범의 수록곡입니

다. 이 앨범은 거부할 수 없는 유혹을 만난 청춘이 주제입니다. 살다보면 누구나 유혹을 만나는데 청춘이 거부할 수 없는 유혹에 고민하고 혼란스러워하고 갈등하는 것을 표현하고 그것을 성장의 과정이라고 생각했다 하였습니다.

프랜시스 베이컨은 유혹에는 이성의 유혹, 권력의 유혹, 자만심의 유혹 세 종류가 있다 하였습니다.

BTS가 그린 청춘이 만난 유혹이 어떤 것인지는 모르겠지만 가사에서 화자는 결과를 예측하면서, 유혹에 무릎 꿇었음을 인지하면서, 죄책감을 가진 채 유혹에 굴복합니다.

장 보드리야르에 따르면 유혹이란 녀석은 기교와 유희의 힘을 과시해 상대방을 실제 생산과 도전의 세계에서의 생산을 폐기시키고 무릎 꿇게 하는 데에 그 목적을 갖고 있다고 합니다. 그의 말처럼 이 노래의 화자는 유혹이라는 환상 속에서 일어나는 유희가 실제 세상의 생산능력을 폐쇄시킨다는 것 또한 알고 있는 것 같습니다.

내 피 땀 눈물도

내 몸 마음 영혼도

너의 것인 걸 잘 알고 있어

이건 나를 벌 받게 할 주문

▸ 〈피 땀 눈물〉 중에서

우리가 만나는 유혹들, 그 유혹들에 시간과 인생을 내주면서 과연 지금 내가 무언가를 잃고 있다는 사실을 인지하였을까요? 어떤 유혹별로 내 존재가 어느 정도의 어떤 형태의 반응을 보이는지 척도계를 갖게 될까요? 경험을 기록할 수 있을까요?

대부분의 유혹은 우리가 이기기 어렵습니다. BTS의 가사는 유혹의 결과가 좋지 않음을 인지하면서도 유혹당하는 자신의 상태를 관조하며 자책합니다.

유혹은 내가 아니라 남이 하는 것입니다. 장 보드리야르는 유혹은 노골적인 요구가 아니라 은근히 제안하는 기호이자 기교(artifice)라고 하였습니다. 유혹을 성적인 욕망과도 구별하였는데 유혹에 의해 본능과 욕망이 호출됩니다. 어떻게 보면 유혹이 생략되고 시뮬라크르(가짜) 소비가 판치는 세상에서 BTS 노래의 유혹들은 아날로그 적이고 아름답다고 해야 할까요? 수동적이니까 풋풋하다고 할까요? 성적 유혹이 아닐지라도요.

유혹은 의도가 비밀이라서 더욱 치명적으로 매혹적입니다. 의도가 적나

라해지면 욕망은 소멸하니까요. 의도가 감춰진 한 유혹의 유희는 계속 춤을 춥니다.

뱅상 데콩브은 유혹 당하는 사람의 매혹성에 주목하였죠. 유혹할 만한 가치가 있기 때문에 유혹당합니다.

> 어두워져 가
>
> 내 미래의 빛
>
> 치기 어린 사랑에 잃은 꿈의 길
>
> 내 야망의 독기
>
> 매일 칼을 갈았지
>
> But 참을 수 없는 내 욕심에 칼은 무뎌져
>
> 알고 있어 다

▶ 〈Intro : Boy Meets Evil〉 중에서

BTS가 묘사한 청춘이 만난 유혹에 대답은 없습니다. 절제하라던가 타락하지 말라던가 그런 교훈도 말하지 않았죠.
그저 유혹에 매혹당한 자신이 미래와 도전을 바꾸고 있다는 것을 알고 불안과 죄책감을 느끼며 안타깝게 바라보았습니다.

다이달로스와 그의 아들 이카루스는 크레타섬에 갇혀 있었습니다. 다이달로스는 갇혀있던 크레타섬을 탈출하기 위해 밀랍으로 된 날개를 만들었고요. 아들에게 밀랍이 녹을 수 있으니 태양 가까이 가지 말고 날개가 젖을 수 있으니 바다에 가까이 가지 말라고 했습니다. 하지만 젊은 이카루스가 이를 귀담아 듣지 않은 것은 예견된 일입니다. 이카루스는 경솔하게 높이, 더 높이 하늘을 향해 날아올라 밀랍 날개는 녹아버려 바다로 추락하고 말았습니다.

유혹은 운명입니다. 그저 지켜볼, 겪어낼 시간일지도 모릅니다. 유혹 척도계든, 감정 반응계든, 상처나 트라우마 등 뭔가를 흔적으로 남기면서요. 지금 내가 하루에 16시간을 PC방에서 보낸다고 해도 그것도 운명일지도 모릅니다. 그것밖에 할 수 없는 운명이요.

욕망과 유혹을 어느 정도로 구분하고 유혹의 이야기를 했는지는 모르겠지만 어쨌든 유혹을 당한다는 것은 그만큼 내가 매혹적이란 뜻이겠지요. 마케팅 대상으로건, 이성의 대상으로건.

젊음과 아름다움을 가진 청춘들에게 유혹은 통과해야 할 터널 같은 것입니다. 내 아름다움을 아는 것, 나의 꿈과 나를 사랑하는 것, 이런 가치들이 나를 유혹의 터널 속에서 균형 잡게 할 힘입니다.

욕망은 인간의 본질입니다.

스피노자

진짜 죄는 행동에 대한 자신의 '절망'입니다.

키에르케고어

19 욕망

스피노자 이전 철학자들은 신체와 연결된 감정이나 욕망은 마치 '악'과 같이 저급하게 보았습니다. 하지만 스피노자는 주위의 시선을 무시하고 감정과 욕망을 철학하였습니다. 수많은 대중에게 절망의 밑바닥까지 솔직하게 말하고 욕망과 유혹 같은 것들도 대범하게 표현하는 BTS처럼 말입니다.

스피노자 식으로 말하면 햄버거를 먹고 아토피가 올라온 경험이 있다면 햄버거를 보고 아토피까지 떠올리게 되는 기억회로가 생겨납니다. 이렇게 스스로 만들어낸 기억의 질서를 따라 어떤 대상을 보면 연관되는 신체의 변화를 예측하게 됩니다. 막걸리–숙취, 나쁜 이성–상처 이런 식으로요.

BTS 가사에서 달콤함이라는 감정을 위해 악마의 손길임을 알면서 잡는다는 내용은 욕망과 연관된 결과를 의식하고 있다는 점에서 놀랍습니다. 스피노자는 욕망을 의식을 수반한 충동이라고 하였습니다. 달콤함에 연관되는 bad라는 기억회로를 의식하고 있지만 그럼에도 달콤함을 위해 행동합니다.

> 미치도록 좋았지
>
> 달콤함에 중독된 병신
>
> 그래 병신
>
> 놓치긴 싫었어 악마의 손길을
>
> ▸ 〈Intro : Boys meets Evil〉 중에서

BTS는 은유적으로 악마와 손을 잡는 것이라고 표현했지만 유혹을 만나 달콤함이라는 욕망을 충족할 시 좋지 않은 결과도 있을 수 있다고 예견하고 있습니다.

교육자이자 철학자인 장 자크 루소는 욕망을 충족하면 할수록 결핍은

커진다고 하였습니다.

BTS는 유혹에 흔들리지 말라고 하지 않습니다. 교훈을 가르치지도 않습니다. 알면서도 독이 든 성배를 삼키는 것이 청춘입니다. 하지만 계속 욕망 충족에 따른 행동에 연관되는 2차적 연관검색 키워드를 의식하고 있죠. 독이 들어서 치명적인 줄 알지만 삼키는 것, 연관되는 결과를 의식하면서 행동합니다.

성인이 된다는 것은 배고픔 같은 욕망을 넘어 새로운 욕망의 세계로 갈 수 있음을 뜻합니다. 거기에서 우리는 어떤 경험을 하고 욕망별로 어떤 인상이나 감정, 감각의 키워드를 저장하게 될까요?

BTS는 청춘에게 욕망을 충족시키는 경험이란 통제해야 할 대상이 아니라 욕망에 무릎 꿇을 수도 있다는 것, 하지만 의식하며 행동해서 나만의 질서와 가치관을 만들어 나가는 과정이라는 것을 알려주려는 것인지도 모르겠네요.

> 인간은 스스로 자아를 실현할 수 있는 자유를 통해서 죄를 범할 수 있는 가능성을 지닌 존재일 수밖에 없다.[23] –키에르 케고어

키에르케고어는 개인이란 자유로운 선택으로 끊임없이 자기 자신이 되어가는, 실현적 존재라고 하였습니다. 따라서 죄란 원죄가 아니라 자유의지로 선택하면서 '도약'하는 데에서 발생할 수 있는 과정 '상태' 로 본 것입니다. 진짜 죄는 행동에 대한 자신의 '절망'이라고 하였습니다. "개인은 오로지 자신의 죄를 통해서만 죄를 짓게 된다는 것"[24]입니다.

자신이 죄라고 인정하게 된다면 그것이 죄입니다. 물론 법적으로 도덕적으로 문제가 될 경우는 예외로 하고요.

자신이 욕망하는 것이 무엇인지, 어디서 기쁨을 느끼게 되는지 아는 것도 자신을 알아가는 과정일 것입니다. 타인의 욕망이 곧 나와 같을 수는 없습니다. trial error를 통해 길을 찾아가듯이, 나의 욕망 또한 충족해보며 그 결과 따르는 감정의 인상에게 욕망별 상황별 이름을 붙여줄 수 있을 것입니다. 감각의 이름일 수도 있구요. 유혹의 체험을 통해 욕망의 대상별 연관 키워드처럼, 내 감정과 감각에 질서와 규칙을 갖게 될 것입니다.

IV

예 술 을 　위 하 여

사랑이 계속되면 두 사람에게, 그들이 결합하여 이 세계에
하나의 새로운 존재, 즉 우리라고 부를 수 있는 존재자를 형성했다는
느낌을 안겨줍니다. 개인으로서 이외에 '우리'로서 새로운 정체성을
가지게 되는 것입니다.

로버트 노직[25]

20 '우리'라는 새로운 정체성

사랑하는 사람이 다치거나 망신을 당하면 우리는 아픔을 느끼고 사랑하는 사람에게 멋진 일이 일어나면 기분이 좋아집니다. 사랑이 없을 때에는 상대에게 변화가 생겨도 나의 안녕은 변하지 않습니다.

사랑이 계속되면 두 사람에게, 그들이 결합하여 이 세계에 하나의 새로운 존재, 즉 우리라고 부를 수 있는 존재자를 형성했다는 느낌을 안겨줍니다. 개인으로서 이외에 '우리'로서 새로운 정체성을 가지게 되는 것입니다.[26]

"땡큐, 우리가 돼줘서"

▸ 〈Save me〉 중에서

BTS는 사랑을 받기만 하는 대상으로 존재하지 않고 팬들과 자신들을 묶어 '우리'가 되었다고 정의함으로써 공유하는 정체성을 텍스트로 닻 내리고, 사랑을 공유하는 관계임을 수시로 확인해 줍니다.

2017년 5월 빌보드 뮤직어워드 Top Social Artist상 수상소감에서도 "이 상의 주인은 저희를 비춰주시고 사랑해주신 전 세계 모든 분들입니다."라고 하였고 기타 시상식에서 수상 시에도 "아미(BTS의 팬덤 이름) 상 받았네" 라고 하며 '우리'의 정체성을 수시로 확정하고 강화합니다.

(So thanks) 이런 날 믿어줘서
이 눈물과 상처들을 감당해줘서
(So thanks) 나의 빛이 돼줘서
화양연화의 그 꽃이 돼줘서
그래도 좋은 날이 앞으로 많기를
내 말을 믿는다면 하나 둘 셋
…
괜찮아 자 하나 둘 셋 하면 잊어
슬픈 기억 모두 지워 서로 손을 잡고 웃어

하나 둘 셋

하면 모든 것이 바뀌길

더 좋은 날을 위해

우리가 함께이기에

▶ 〈둘 셋〉 중에서

BTS가 작은 기획사에서 시작해 지금의 위치에 이르기까지 많은 어려움이 있었겠지요. 가수와 팬이 1:1로 의견을 나누지 않더라도 서로 공유되고 있다는 믿음을 갖고 있는 것이 보입니다. 또한 감정을 나눈 팬들에게 단순한 인지 확인이 아닌 '우리 잊자'며 함께 나누는 감정임을 확신합니다.

사랑의 관계에서 '공유'는 매우 큰 특징입니다. 쌍방향이 일상을 많이 공유하고 감정과 생각을 깊이 나눌수록 사랑은 깊어지고 튼튼하고 완전한 '우리'가 되어갑니다.

기성세대들은 이해하기 힘들겠지만 얼굴을 맞대거나 1:1 대화도 없는, 1:N에다가 어른들 눈엔 가상처럼 보이는 '관계'도 쌍방이 서로의 감정을 계속적으로 공고히 확인한다면 그것은 실제보다 강한 관계가 될 수 있습니다. 실제로 BTS와 팬들 사이에 일어나고 있는 일입니다.

BTS는 SNS를 통해 소통을 많이 하는 아티스트로 유명합니다. 소통의 빈도도 매우 빈번하고 질적인 내용에서 진심으로 생각과 감정을 깊이 있게 나눕니다. '이런 얘기까지 하나' 싶을 만큼.

이렇게 공고한 유대감의 정체성을 바탕으로 BTS가 전하는 메시지는 다져진 관계를 타고 세계로 스며듭니다. 전 세계 청춘들에게 진심으로 내려 앉습니다.

철학이란 음미하고 대화하는 행위 그 자체

하타케야마 소[27]

21 대화의 예술

2017년 5월 빌보드 뮤직어워드에서 BTS는 Top Social Artist 상을 수상하였습니다. 그 상이 단순히 인터넷 세대들이 사랑하는 BTS의 인기의 반증이라고 생각한 대중들도 있을 것입니다.

그 말도 틀린 것은 아니지만 수상 기준에는 음반판매, 음원 스트리밍, 선호도 같은 지표 외에도 SNS 활동량이라는 지표가 있습니다.

SNS 활동량이란 쉽게 얼마나 많은 소통을 했는가 하는 것이지요. BTS는 블로그, 트위터, 브이앱(Live 인터넷 방송/채팅), 팬카페, 다양한 영상과 이미지, 인터뷰 등을 통해 팬 및 대중과 소통합니다.

BTS는 대화와 소통 그 자체를 예술로 만드는 장인입니다. 그냥 정보를 전달하거나 짧은 감상의 수준이 아니라 데뷔 초부터 때로는 '이렇게까지?' 수준으로 솔직하게, 감동받을 만큼 가식없이 진심으로, '이렇게 정성들여?'라는 수준으로 공들인 소통을 해왔던 BTS는 대화와 소통 자체를 예술의 장르로 추가한 듯 보입니다.

BTS 대화의 예술 형식이라면 타이밍과 정도(intense), 그때 그때 팬과 그룹의 상황에 대한 정황(context)의 해석과 그에 따른 소통 방식의 선택, 표현과 의도의 진정성 같은 것입니다.

BTS 대화 예술 내용이라면 사소한 일상의 순간을 공유하는 것일지라도 '순간'의 중요성을 스스로 음미하고 있다는 것과 '소통' 자체의 예술적 가치를 만들어 낸다는 것입니다.

사진 한 장으로 긴 세월의 드라마를 표현하는 것,
은유도 없는 일상문으로 다른 주제에 대한 위로를 띄우는 것,
순간을 서정으로 채색하는 법,
진짜 모놀로그를 써서 거리감을 지우는 법,
문장 부호와 이모티콘만으로 감정을 전달하는 것.

어떤 일을 오래 계속하면 철학과 달인의 아우라가 생깁니다.

BTS의 소통을 보면 그 콘텐츠가 사진, 시, 영상, 음악, 그림, 일기, 모놀로그 등 엄청난 종류와 양으로 진행됩니다. 그리고 그 내용을 관찰해보면 성실히 오래 계속해온 거대한 소통의 흐름이 모여 소통 그 자체가 하나의 시그니처 콘텐츠이자 소통이라는 거대한 강 같은 예술 장르가 되었다는 느낌 수 있습니다.

160119 SUGA 트위터

24살 방탄소년단 슈가가 아닌 24살 민윤기로 할 수 있는 걸 하고 싶었다
나를 돌아보는 시간이었다 지금 하는 이야기들은 가수와 팬 방탄과 아미가 아닌 사람 대 사람으로 이야기하고 싶어 시작하는 이야기이다
많은 사람들을 대할 때 가장 슬퍼질 때는 모든 사람들에게 공평하게 대할 수 없는 내 자신을 마주할 때이다
누구하나 상처주고 싶지 않은데 그러지 못할 때가 생긴다
난 아직 한참 부족한 사람인 것 같다

160112 RM 트위터

> 나와 우리의 팬이어서 고맙습니다. 나도 그대의 팬입니다. 그대가 오롯이 견디는 외로움과 싸움과 삶을 묵묵히 응원하는 팬입니다. 무대 뒤편에서, 작업실에서 오랜 시간 음표로써 음악으로써 나의 팬레터를 보냅니다. 그 그리운 소리를 읽어주시기 바랍니다.

위에서 예를 든 메세지는 컨텍스트를 모르는 이에게도 여운과 사유를 남깁니다. 수신자의 감성적 사유를 위한 행간을 남기는 BTS의 커뮤니케이션은 철학적입니다.

'BTS Communication Art'라는 시그니처 브랜드가 된 것 같습니다.

"한마디로 철학이란 어려운 것이 아니라 어떤 주장에 대한 근거를 생각하거나 가치를 판단하고 음미하는 작업이다. 가치나 본질에 대해 '왜 그럴까'를 묻는 '대화'입니다."[28]

소통으로 철학하는 BTS의 커뮤니케이션은 7명 멤버 모두의 스타일이 유기적으로 합쳐진 스타일로서 'BTS 커뮤니케이션'이라는 시그니처 브랜드가 된 것 같습니다.

이념들을 미학적으로 아름답게 만들기 전에는

대중들의 관심을 끌지 못한다

―――

헤겔

22 아름다움으로 철학을 전파

“무엇인가를 위해 살아야 한다면 그것은 미(美)를 바라보는 것이다”라고 플라톤이 말했습니다. 인생을 바칠만한 가치가 있는 유일한 대상이 아름다움이라는 것이죠. 아름다움을 소유하는 것도 아니고 바라보는 것에 인생을 던진다는 것입니다.

‘예뻐서’, ‘아름다워서’는 최고의 이유입니다.

철학자들의 목적은 옳은 것이 무엇인지 사람들의 코 밑에 들이대 주는 것입니다. 대중을 깨우쳐 하나하나의 삶들이 보석으로 빛나게 만들고자 하는 것입니다. 하지만 어렵기만 한 철학 강의는 대중의 관심을 끌기 힘듭니다. 헤겔은 그것이 철학자들의 잘못이라 했습니다. 이념들을 미학적으로 아름답게 만들기 전에는 대중들의 관심을 끌지 못한다고 하였습니다.

그 말은 철학자들이 감각적으로 아름다워진다면 대중들을 매혹시켜 계몽할 수 있다는 것입니다.

BTS는 반짝이는 외모를 가지고 감탄을 뛰어넘는 예술적 춤과 현재의 리듬을 가진 음악으로 철학의 시를 노래합니다. BTS가 표현하는 중첩된 예술의 아름다움에 몇 배로 매혹된 대중은 감각적 철학의 깨우침에 귀를 기울입니다.

헤겔에 따르면 미는 두 가지로 나뉩니다.

내용으로서의 미 : 예술은 진리의 감각적 운반체가 되는 것이다. 감각을 통해 진리를 계시한다. (내용미학)
형식으로서의 미 : 내용의 가치와 무관하게 모양새의 그럴듯함 때문에 아름다울 수도 있다. (형식미학)

결국 BTS는 아름다운 외모의 아이돌, 멋진 춤과 패션과 음악이라는 형식으로서의 미와 내면의 감정과 철학이라는 내용으로서의 미를 동시에 구현하는 21세기의 예술철학자입니다.

그들이 아이돌이라는 아름다운 형식이 아니었다면 이처럼 많은 청춘들의 가슴과 머리를 열어 사유하게 할 수 있었을까요?

BTS는 사유해야 한다고 훈계하거나 머리를 설득하진 않았습니다. 어려운 말 대신 감각적 리듬과 숭고의 아름다움에 솔직하고 쉬운 시 같은 철학을 띄워 스스로 생각할 수 있도록 살며시 옆에 놓아줍니다. 꽃들이 스스로 피는 법을 깨닫고 자의로, 각자의 빛으로 세상을 밝히게요.

칸트에 따르면 의지가 작동하기 전에 내 안에 침투하는 것이 감각이라고 합니다. BTS는 가장 강력한 감각으로 봉우리를 흔들어 피어나야 한다고 일깨우는 철학 마케터 같습니다. 물론 상품을 파는 것이 아니라 음악을 파는 척하며 각각 깨어서 빛나는 세상을 끼워 파는 선한 의도의 상인 같죠.

게오르트 뷔메는 아름다운 것에 대한 반응인 아펙트(Affekt:감응)는 사랑이라고 하였습니다. 아름다워서 사랑에 빠진 이들에게 가치를 전파하는 것만큼 효과적이고 강력한 일이 있을까요?

시들은 멜로디와 리듬 때문이 아니라 사상 때문에 유용하다.

필로데무스

23 사위일체의 코레이아

그리스 시대에는 춤과 음악과 시가 별도로 분리된 장르의 예술이 아니었고 혼합된 형태로 존재했습니다. 이를 '삼위일체의 코레이아'라고 하였는데 코레이아(choreia)라는 용어는 춤의 중요한 역할을 강조한 것으로 집단춤을 의미하는 코로스(koros:합창)에서 유래했습니다.[29]

삼위일체의 코레이아는 춤을 중심으로 인간의 감정을 시와 춤, 노래로 아름답게 표현하는 것입니다. 시와 춤과 노래로 표현하면 관객에게는 위안의 효과가 있다고 보았습니다.

이후에 시와 춤과 노래는 별도의 장르로 분리되어 발전하였고 연극과 영화 등도 개별적으로 발전하였습니다. 하지만 최근에는 다시 여러 장르가 혼합한 형태의 예술이 많이 등장하고 음악도 춤과 함께 하는 형태가 일반화 되었습니다.

BTS는 집단군무와 음악을 말(가사)로 노래하며 선보입니다.

BTS의 가사는 시에 가깝습니다. 일인칭의 일상적 사건과 감정의 가사보다는 은유가 수놓인 시적 언어로 세상을 생각하고 청춘의 삶을 팔짱껴주며 깨우고 위로하는 메시지, 우리가 살고 있는 세계의 이야기를 담는 적이 많은 것이 특징입니다.

집단 군무도 시각적으로 아름다운 동작뿐 아니라 메시지를 은유하는 몸짓과 시적 표현의 제스처들이 고난이도의 표현과 높은 수준의 일치도를 통해 감탄과 숭고를 자아냄으로써 감동을 극대화합니다. 군무 단독으로도 높은 완성도의 작가적 예술작품의 가치를 증명합니다.

음악도 최전방에서 전 세계의 현재 세대들이 감성으로 반응하는 리듬과 멜로디를 춤과 시와 합쳐 최고의 공명을 이끌어 냅니다.

이 셋이 합쳐져 BTS가 무대에서 선보이는 예술은 시와 춤(집단군무)과 노래가 함께하는 현대판 삼위일체의 코레이아이면서도 철학적이며 작가적 메시지가 더해져 있으니 사위일체의 코레이아라고 불러야 할까요?

일반적인 정의의 '음악' 범주에서는 철학하는 음악가라고 부를 수 있을 것 같습니다.

이 아름다운 음악과 춤에 영혼을 빼앗긴 청춘들이 BTS의 시를 곱씹어 스스로의 영혼을 변화시키는 것이 일반적 음악의 효과에 더해지는 BTS 음악의 두 번째 효과입니다.

BTS 음악의 두 번째 효과는 감상자들의 방에서 일어납니다. 감상자들의 방에서 포스트 프로덕션처럼 펼쳐지는 사유의 시간이 바로 두 번째 효과입니다.

악이 울리면 사유로 다시 여운을 공명하는 아름다운 리액션이 일어나는 것입니다.

회화작품이라 하더라도 “음악적”이라고 하기도 하며, 작품 안에

정확함을 이루어낸 화가를 “음악가”라고 하기도 하는 것이다.

섹스투스 엠피리쿠스

24 철학하는 종합 예술가Mousike Techne

요즈음은 음악, 춤, 영화, 뮤지컬, 연극, 드라마, 시, 회화 등 많은 장르의 예술이 서로에게 인서트를 반복하며 하이브리드 되는 경향입니다.

BTS도 춤, 시, 노래가 합쳐진 형태의 공연, 뮤직비디오나 음악을 기본으로 하는 드라마적 영상 예술 같은 음악 기반의 예술뿐만 아니라 소통의 예술, 사진 등 비주얼로 감동을 목적으로 하는 예술, 매스미디어 오락프로그램, 소셜미디어를 통해 선보이는 예능 영상, 모놀로그, 기록영상, 대화 등 음악을 기본으로 확산된 전방위적 예술을 선보이고 있습니다.

헬레니즘 시대에는 음악예술을 무시케 테크네mousike techne라 하고 줄여서 무시케라고 불렀습니다. 무시케mousike라는 단어는 근대적 음악뿐만 아니라 음악이론까지, 즉 리듬을 제작하는 능력뿐 아니라 제작과정 자체까지를 뜻했습니다. 또 섹스리스 엠피리쿠스에 따르면 무시케가 가장 넓은 의미에서 모든 예술작업을 뜻한다고 하였습니다.[30]

앞장에서 BTS를 사위일체의 코레이아, 철학하는 음악가라고 했는데 그 BTS의 음악은 제작과정은 물론 가장 넓은 의미에서의 모든 예술작업을 포괄한다는 엠피리쿠스의 Mousike로 겹쳐볼 수 있을 것 같습니다. 가장 넓은 의미의 예술작업으로서의 Mousike techne이자 철학자라고 하면 전방위 예술가를 칭할 때의 BTS 수식어로 적당할 것 같습니다.

실제로 BTS의 뮤직비디오에서는 피터르 브뤼헐, 밀로의 비너스 등 다양한 회화나 조소 작품들이 등장하고, 음악의 소재를 '데미안'이나 '오멜라스를 떠나며' 같은 소설에서 가져오기도 하며 콘서트 VCR에서는 니체의 경구가 스크롤됩니다. 뮤직비디오 이외의 영화적 영상물들도 시리즈로 제작되고, 그 과정에서 스타워즈나 마블 같은 BTS 세계관도 도입됩니다.

수준 높은 은유로 수놓인 가사도 시로서의 예술성을 나타내 줍니다. 춤 또한 감정과 내면을 표출하는 새로운 표현양식을 시도한다는 점에서 예술적 의미가 있습니다. 음악과의 유기적 연결은 물론이고 서사가 흐르게 하는 등 개척자로서 끊임없이 새로운 시도를 이어가며 퍼포먼스 자체의 예술성을 높였습니다. 일상의 공유와 소통의 예술은 크고 작은 감동을 급행으로 전달해줍니다. 감동이 일어나는 장르의 구분은 중요하지 않습니다.

BTS 예술의 가장 큰 특징은 이런 모든 장르의 예술들이 저마다 상당한 존재감을 가지고 음악이라는 타이틀 아래 살을 맞대고 연결되어 있다는 것입니다. 메인 디쉬는 음악이지만 10층짜리 핫케이크 같은 장르의 겹쳐짐이 있어 음악의 성분은 밀도 높게 짙어집니다.

물론 그 가장 중심에는 전하고자 하는 사유와 메시지가 있습니다. 각자 자신의 영혼의 자리를 찾아 고군분투하고 있는 청춘들에게 전하는 메시지가 50,000개는 저장되어 있는 것 같습니다. 또 이미 전달된 메시지보다 앞으로 전달될 메시지가 더 많을 것 같네요.

철학자는 보다 절대적 실재라는 형태로

'저 너머'를 투사한다.

윌리엄 제임스[31]

25 사유하는 대중예술을 위하여 – 방탄 세계관과 서사

20세기에 들어서면서 그동안 고급문화의 영역에 있던 예술 작품들이 '문화산업'의 카테고리에서 '산업 생산물'로 대량생산, 대량 소비되기 시작하였습니다.

이에 호르크하이머와 아도르노 등 일명 프랑크푸르트학파는 '예술향유계층의 대중화'라고 볼 수도 있지만 "하자 없는 규격품을 만들 듯이"[32] 예술을 판매한다고 비난하였습니다. 예술 감상자들도 수동적 수용자로 전락시켰다고 하였습니다. 대중예술이 예술의 소비, 감상방식도 획일화시키고 진정한 상상력과 사유를 가로막는다는 것입니다.

프랑스의 철학자 들뢰즈는 예술이든 사물이든 모든 존재는 똑같지 않고 '차이 그 자체la difference en elle-meme'라며 미디어나 고정관념에 의해 감상 능력, 상상력 감성의 획일화, 관습화된 진부함(클리쉐 Cliche)을 경계하였습니다.[33]

들뢰즈는 고정관념에 의해 소멸된, 획일화된 개념과의 마찰을 통해 새로운 사유를 해야 한다는 것을 강조하였습니다.

하지만 접하는 미디어와 내용이 비슷하기 때문에 대중예술 뿐 아니라 순수예술에 대한 감상도 비슷해집니다. 따라서 새로운 감성과 상상력으로 예술을 수용하려면 알고 있는 지식과 보편화된 해석능력을 동원해서 해석/감상할 수 없어야 합니다. 전혀 이해할 수 없는 상황을 만날 때 우리의 사유는 시작됩니다. 이해하기 위해 고통스러워하며 생각한 만큼 새로운 사유가 강제적으로나마 가능해집니다.

BTS는 대중예술의 한계를 넘기 위해서인지 새로운 예술의 가치를 창출하기 위해서인지 알 수 없으나 데뷔 3년차인 2015년부터 뮤직비디오와 단편영화 같은 새로운 형태의 영상들로 긴 서사의 여정을 시작하였습니다.

먼저 BU(BTS Universe의 약자로 추정)라는 BTS만의 세계관을 설정하였습니다. 가상의 설정이 있는 세계관이지요. 마치 스타워즈나 마블 시리즈처럼 차례로 진행되거나 한 가지 세계관 아래 확장되며 서로 연동되는 형태입니다.

BTS는 2015년부터 화양연화 시리즈라는 타이틀 아래 1,2,3으로 3장의 연작 앨범을 발매하였습니다. 음악 앨범에 시리즈라는 연작 영화나 드라마의 구성을 가져온 것입니다.

또한 그 연작 앨범에서 시작된 BUBTS Universe 세계관 뮤직비디오와 앨범 관련 영상이 단편영화처럼 시리즈로 발표되고 있습니다. 화양연화 시리즈가 끝난 후에도 스토리는 끝나지 않고 계속 되고 있습니다.

화양연화 시리즈 이후에도 앨범이 발매될 때마다 뮤직비디오 뿐만 아니라 숏필름, 프롤로그, reel 등 앨범마다 새로운 개념의 이름이 붙은 여러개의 스토리가 연결되는 영상들이 발표되었습니다. 이들 영상은 시간 순으로 진행되지 않고 서로가 서로를 매개하는 리좀적 스토리라인을 갖고 몇 년 째 진행되고 있습니다.

이 영상들에서는 스타워즈나 마블처럼 계속 연결되는 BU 세계관 아래

BTS 모든 멤버들이 주인공으로 등장합니다. 영상 속 캐릭터로 BTS 멤버들이 나오고 예명이 아닌 본명을 캐릭터명으로 사용하면서 실제 BTS 멤버들과 일반인으로서 멤버, 주인공 사이에 매개를 지워버리고 은유에서 탈출해 팬들을 영상 속 서사에 몰입시킵니다.

또한 영상 속 주인공들 간의 관계도, 영상의 시간 순서도, 영상 간의 인과관계도 첫 영상이 나온 지 3년이 지난 지금까지 명확히 밝혀지지 않았습니다. 화양연화 이후에 나온 모든 영상들은 BU라는 설정된 세계관 아래 서로 연결되어 있는 듯한데 실마리만 던져준 채 서사가 완결되지 않고 진행 중입니다.

미디어 철학자 마노비치는 뉴미디어의 언어에서 이런 특징을 '가변성'과 '모듈성'으로 정의하였습니다. 가변성은 대상이 하나로 고정된 것이 아니라 여러 판본으로 존재할 수 있다는 것입니다. 또한 독립성을 잃지 않는 단위가 삽입과 삭제를 통해 어디든 끼어들 수 있다는 점이지요. BU의 영상들은 21세기형 미디어 예술의 특징을 가지고 있습니다.

관객들은 미스테리한 미완의 서사를 곱씹으며 시간의 간격 사이에 머무릅니다. 새로운 영상이 발표될 때마다 실마리들은 이합집산을 반복하며 서사의 분자들은 점처럼 흩어졌다 뭉치며 재구성됩니다. 앨범과 함께 신작 영상이 발표될 때마다 BU의 세계관과 서사에 대한 힌트가 추가 제공되면서 영상들 발표 사이의 시간적 간극에서 수용자들의 추리와 사유는 크게 진동합니다.

미학자 진중권님은 예술작품을 놀이라고 하며 일단 놀이를 시작하면 규칙을 준수해야 한다고 하였습니다. 하지만 동시에 우리도 여러 가지 전략을 구사하여 다양한 독해를 할 수 있다고 하였지요.[34]

BU영상은 시청자들이 각자의 관점으로 '차이 그 자체'의 해석을 만들어내며 개성 있는 전략과 추리로 독해놀이가 가능한 심도 있는 서사의 놀이터입니다. 또한 음악에 명예와 무게, 신화를 더해주는 장치이기도 합니다.

이들 영상들은 시간과 공간, 인물이 스위치 되고 영상이 영상 속에 들어있는 무한 미장아빔의 구조를 가지고 있습니다. 미장아빔은 '액자기법'으로 거울 속의 거울이 무한 반복되듯이, 이야기 속에 이야기가 담긴 것으로 중심이 없이, 마치 영화 인셉션과도 같이 각 영상은 서로를 중첩합니다. 리좀과 같이 중심이 없듯 시작과 끝도 확실치 않습니다.

아직 진행중인 스토리의 결말을 알 순 없지만, 현실과 가상의 경계도 결론지을 주체 없이, 제작자도 시청자도 아닌 그 사이에, 파레르곤처럼 놓여져 마무리될 것 같습니다. 그림이 에르곤(핵심, 내용물)이라면 액자를 파레르곤이라고 합니다. 그림이 어디까지인지 정해주는 것이 파레르곤의 역할이지요. 하지만 BU는 어디까지가 가상의 작품세계이고 어디까지가 현실의 BTS 멤버들의 삶의 반영인지 알려주지 않습니다. 이렇게 모호한 테두리가 더 관객들을 매혹시킵니다. 화양연화와 BU세계관은 파레르곤처럼 열린 텍스트로서 놓여집니다. 모호한 경계에 해석과 테두리를 그리는 것은 수용자 각자의 몫이겠지요. 들뢰즈 표현처럼 창조적이고 새로운 개념을 만들어내는 다수le multiple의 사유 같습니다.

독일의 사상가 아도르노는 예술은 일관된 느낌표가 아니라 물음표를 줄 수 있어야 한다고 하였습니다. 화양연화 시리즈에서 시작된 BU세계관 아래의 영상들은 아도르노의 숙제를 해결해주는 것처럼 보입니다. BTS는 음악활동 외에도 영상예술작품을 통해 관객들에게 물음표를 제공하고 대중예술의 가치를 새롭게 만들며 이를 악물고 새로운 길을 만들어내고 있습니다.

BTS는 일반적으로 아이돌이라는 롤에 담긴 음악과 춤, 퍼포먼스와 아름다운 외모로 아이돌이라는 헤겔의 두가지 미학 중 첫 번째 형식미학을 추구함과 동시에 BU세계관의 화양연화 영상과 추가되는 영상시리즈에서 대중들에게 물음표를 던져주고 사유하게 하며 노래 가사와 영상에 철학적 메시지를 담아 두 번째 미학인 진리미학을 추구합니다. 아도르노는 형식미학과 진리미학이 공존할 수 없다고 하였는데요 BTS의 아트워크를 보았다면 포기하지 않았을지도 모르겠네요.

진리미학의 제시가 어려운 대중들은 형식미학으로서의 아이돌 BTS의 무대, 춤, 노래와 아름다운 외모를 감각적으로 감상하면 되는 것이고 또 노래에 담긴 은유 너머가 궁금한 이들에게는 2단계로 스스로 사유해야 하는 인텐시브 코스인 진리미학의 세계가 펼쳐집니다.

2017년 6월 BTS는 로고를 리뉴얼하고 BTS의 의미에 Beyond The Scene이라는 뜻을 더했습니다. Beyond The Scene은 마주하고 있는 현실을 뛰어넘어 꿈을 향해 끊임없이 나아가며 성장하는 청춘인 방탄소년단을 지칭한다고 합니다.

현실이란 실제로 존재하는 것을 말합니다. 현실을 뛰어넘는다는 것은 환상을 현실에 가져다 놓을 수도 있고, 현실 구석구석의 일그러진 곳들을 다림질해 바꿀 수도 있고, 허들들을 뛰어넘음으로써 없앨 수도 있습니다. BTS가 뛰어넘을 현실들은 어떤 Scene들일까요?

사전적으로 Scene은 어떤 장면을 뜻하기도 하지만 음악, 미술, 예술 장르를 편하게 부를 때도 쓰입니다. 특정 그룹들에선 Scene은 메타포로서 "니 판을 만들어봐(make the scene)"라고 할 때 특정 시간과 장소를 니 무대로 만들어라 라는 뜻으로, 또는 더 넓은 의미로 "그건 내 판이 아니야(that's not my scene)"라고 할 때에는 좀 더 영속적인 삶의 스타일을 지칭하기도 합니다.[35]

그런 의미에서 Beyond the Scene의 뜻을 영역, 장르를 넘어서는 예술에의 포부로 기대해도 좋지 않을까요? BU 영상에서 보여주고 있는 것처럼 말입니다. BU는 음악, 시, 춤, 사진, 영화, 드라마, 세계관과 철학이 있는 종합예술로서의 콘텐츠의 시작이 아닐까 합니다.

예술의 장르를 넘어선 다음 Scene은 무엇일까요? 흔히 굳이 나누고 싶어 하는 대중문화와 고급 예술의 계층구조도 넘어설 수 있지 않을까 하는 확신에 찬 기대도 가져봅니다.

텍스트가 부재한 영상서사가 열려 끝날 때,

신비는 살아남을 수 있다는 것을.

26 화양연화, BU, 원격현전

화양연화 시리즈 뮤직비디오에서 시작된 BTS의 단편 영화같은 영상 시리즈는 BU(BTS Universe로 추정)라는 세계관 아래 후속곡 뮤직비디오와 단편 영상들로 계속 스토리가 연결되며 발표되고 있습니다.

단편 뮤직비디오만을 보면 연결성을 짐작할 수 없지만 정해진 순서대로 뮤직비디오와 영상을 연결해서 보면 스토리가 이어지는 것입니다. 일반 대중들은 잘 알지 못하지만 팬과 마니아들은 그 세계관과 스토리를 계속 추적하며 탐구하고 있습니다.

이들 영상에서는 BTS 멤버들이 예명이 아닌 일반인으로서의 본명으로,

실제 멤버들의 성격과 관계성 일부를 반영했다고 밝힌 캐릭터로 출연합니다.
이 때문에 관객들은 허구인 드라마에 실제 멤버들의 정체성을 대입시키게 됩니다. 여기서 가상과 현실은 중첩되고 관객들의 심상에 BU라는 신비로운 제 3의 현실, 제 3의 세계가 생겨납니다.

BTS 멤버들은 영상 안에서 일반인으로서도, 연예인으로서도 아닌 BU라는 세계 안에 존재하는 제3의 주인공으로 새로운 정체성을 갖게 되었습니다. 하지만 그 영상의 완성도와 선명도가 뛰어나고 실명으로 등장한 주인공들의 실제 정체성까지 겹쳐지면서 BU의 세계가 허구임을 알면서도 허구의 필터는 옅어지고 팬들은 강한 실재감과 몰입도를 갖게 됩니다.

이런 현상을 원격현전이라고 하는데요, 원래 현전presence은 '어떤 환경 속에서 느끼는 실재감sense of being'을 뜻합니다. 이런 점에서 원격현전은 '커뮤니케이션 매체에 의해 어떤 환경 속에 실재하고 있음을 경험하게 되는 것', 즉 환경에 대한 매개된 지각mediated perception이라 할 수 있습니다.[36]

쉽게 말하면 비록 미디어의 영상을 통해서이지만 진짜 존재하는 것 같은 느낌을 경험하는 것입니다. 원격현전의 경험을 통해 영상 속 주인공으로서의 BTS 멤버들이 정말 BU라는 가상의 세계에 살고 있을 것 같은 실재감을 갖게 됩니다.

애니메이션의 주인공 캐릭터에 애정을 갖게 되거나 드라마 주인공에게 몰입하는 것, 가상현실체험 등은 매체가 투명해지는(매체를 인지 못하고 몰입하는) 경험입니다.

BTS 영상들은 팬들이 알고 있는 기존 멤버들의 정체성을 겹쳐 현실감, 친밀성 같은 원격현전의 특징들을 구현해냄으로써 매체의 투명성을 넘어서는 실존적 몰입을 만들어냅니다. 그래서 화양연화 및 시리즈 뮤직비디오 및 영상들은 마치 레전드급 단편영화처럼 시청자들에게 새로운 차원의 경험을 제공하였습니다.

가상 스토리인 드라마의 주인공이지만 일반인일 때의 이름을 갖고 등장해서 BTS멤버들이 제3의 세계에 실재로 존재하는 것처럼 관객에게 느끼게 합니다.

주요 스토리는 불우하거나 복잡한 가정사, 청춘의 방황과 실수, 혼돈과 혼란 그리고 그 과정에서 주인공들 간의 관계 같은 것들입니다.

21세기의 매체들은 매체의 비매개성(매체가 느껴지지 않게 미디어를 지워버리는 것)의 확보를 위해 엄청난 돈을 투자하여 세트를 만들고 라이브로 전송하고 VR 기술을 개발하는 등 엄청난 노력으로 실재감 재현을 위해 노력해 왔습니다.

그런데 BTS의 영상은 특이합니다. 관객이 내가 거기에 있다가 아니라 그들이 거기에 있다고 느끼게 하는 현전입니다. 이상한 나라의 앨리스에서 앨리스는 가상의 인물이고 제 3의 세계로 들어갑니다. 하지만 BU에서는 BTS의 RM이 아닌 김남준(본명)이 드라마의 주인공으로 제 3의 세계로 들어갑니다.

BU는 기술이 아닌 서사로 원격현전을 만들어 낸 것입니다. 이 점이 몰입성과 실재감을 극대화하고 화양연화 시리즈 영상을 팬덤에게는 신화적 이미지로 만든 이유가 아닐까 합니다. 투명하게 지워야할 미디어가 없고 제 3의 세계는 관객의 심상 속에서 연속되고 있기 때문입니다.

또 화양연화 시리즈 영상이 신화가 된 이유는 열린 서사에 있습니다.

단테는 신곡에서 신비와 서사는 함께 할 수 없는 요소라고 하였습니다. '글이 있는 곳에 불은 꺼져있고 신비가 있는 곳에 서사는 존재하지 않는

다'며 텍스트 서사는 신비와 공존할 수 없다고 하였습니다.

단테의 시대에는 영상이 존재하지 않았습니다. 신비와 서사를 공존하게 하는 방법을 몰랐습니다. 텍스트 없이 영상으로 열린 서사를 전할 때 신비는 살아남을 수 있다는 것을 알 수 없었겠지요.

화양연화 시리즈로 이어지는 영상들은 대사의 최소화 및 서사에 대한 설명 없이, 텍스트로 서사를 정박시키지 않으면서 서사와 신비를 공존시키며 이어나갑니다.

철학을 문학으로 전파하고자 한 니체의 '차라투스트라는 이렇게 말했다'가 출간되었을 때 '4월은 잔인한 달'이라는 시로 유명한 시인 T.S 엘리엇은 니체가 문학과 철학 모두에 피해를 끼쳤다고 말했습니다. 니체는 문학과 철학, 둘 다를 혁신했을 뿐인데요.

혁신가는 항상 당대에 평가를 잘 받기 힘듭니다. 니체도 사후 몇 백 년이 지난 후에야 그 철학을 인정받았습니다.

지금 BTS가 음악가로서 음악만을 하는 것이 아니라 영상을 통해 계속 아트웍을 보여주는 것이 어떤 의미인지 지금 평가하기 쉽지 않습니다.

하지만 계속 현실을 반영할 다양한 예술장르들을 통해 더 많은 감동과 사유를 전달할 수 있는 능력이 있다면 최선을 다해 펼쳐내어 개척해 나가야 할 것입니다. 닿을 곳이 아무도 가본 적 없는 곳이라 해도 갈 수 있는 능력이 있기 때문에 가야합니다.

신비가 살아있는 BU 영상을 통해 많은 대중들에게 새로운 충격과 감동의 경험을 갖게 하고 음악뿐만 아니라 영상과 혼합된 다양한 형태의 예술작품을 통해 BTS의 메시지가 퍼져나가길 바랍니다.

BTS는 청춘 철학자이자 멘토라고도 볼 수 있지만 시인이자 음악가 철학자 연기자 예능인 전방위 미디어 아티스트라고도 볼 수 있습니다

그 모든 수식어를 모두 관통하는 공통점이 있다면 사람들을 위로해주고 부축해주며 솔직하게 길을 인도해주고 싶은 선각자로서의 선한 의도일 것 같습니다.

인간은 낯선 세계 속에 내던져졌을 때

'추측하는 용기'를 발산하여 은유를 만들어내고

이를 길잡이로 실존을 영위해왔다.

하타케야마 소[37]

27 은유의 마법사들

은유metaphor란 이질적인 것들의 공통점을 찾아내는 것입니다. 이질성과 공통성이 같이 들어가 있어야 하죠. 은유를 잘하려면 전혀 이질적인 것을 연결시키는 능력이 뛰어나야 합니다. 은유는 창의성의 본질입니다.

BTS는 은유의 장인들입니다. 깊이와 범주가 다양한 메타포로 메시지의 가치를 높이는 방법을 알고 있습니다. 또한 일반 표현으로는 묘사가 안 되는 핵심을 은유로 정답내는 방법을 알고 있습니다. 일반적 은유대신 시대와 세대를 꿰뚫는 은유의 가사로 감성 충만하지만 클리어하게 청춘들의 가슴을 물들입니다. 은유하는 인간은 새로운 가치를 만들어내는 인간입니다.

은유를 학문으로 연구한 독일의 철학자 한스 블루멘베르크는 은유에 세 종류가 있다고 하였습니다.

1. 효과를 높이는 장식적 수단으로서의 은유
2. 개념화하기 어려워서 대체로 사용하는 불완전한 표현양식
3. 절대적 은유 : 개념적 은유가 더 이상 작동하지 못하는 곳에서 은유 외에는 어떤 표현으로도 드러낼 수 없는 내용을 지닌 언어상(像)
가장 고차원적이며 불가피한 물음들에 대한 답변이다.[38]

이중에서 2는 은유를 평가 절하시키는 요소이며, 1은 장식적으로 아름답게 만드는 효과, 3은 그야말로 은유의 백미이자 인간이 세계 속에서 살아남을 수 있게 해주는 절대적 가치라고 하였습니다. BTS의 은유는 1과 3이 아름답게 혼재합니다.

우리는 가끔 은유로 이루어진 아름다운 명언이나 싯구를 통해 살아갈 힘을 얻습니다. 이런 문장들은 개념을 환하게 빛나게 하며 뿌옇던 상황을 명확히 정리해주고 그 결과로 세계 속에서 인간의 실현을 도와 더 살아나갈 힘을 줍니다.

이것이 은유의 힘입니다. BTS는 은유를 통해 메시지에 빛을 부여하고 체험

해보지 못한 세상을 표현하며 실재를 파악할 수 있게 도와줍니다.

단어들만이 은유할 수 있다고 생각하기 쉽지만, BTS의 가사를 보면 문장 전체가 은유인 경우도 많습니다.

> 어찌어찌 걸어 바다에 왔네.
> 이 바다에서 난 해변을 봐.
> 무수한 모래알과 매섭고 거친 바람
> 여전히 나는 사막을 봐
>
> 내가 닿은 이곳이 진정 바다인가 아니면 푸른 사막인가
>
> ▶ 〈바다〉 중에서

2017년 9월에 발매된 앨범에서 나온 가사입니다. BTS가 올라선 높은 왕좌에 앉아서 여전히 스스로와 주변과 상황을 관조하는 듯한 가사입니다. 은유의 종류 중 1의 장식적 수단이라기보다 3의 절대적 은유에 가깝습니다. 여전히 사막을 보고, 매섭고 거친 바람이 인다고 문장 전체로 시간의 날씨를 은유합니다.
은유가 가진 힘과 기술을 이해하면서 고민과 실존을 밝혀내는, 청춘들

이 이해하고 와닿는 버라이어티한 은유가 넘실대는 BTS의 가사는 시적이면서도 철학적입니다.

BTS의 메타포는 가사에서만이 아니라 영상에서도 계속됩니다. 현실에서는 일어날 수 없는 일들이 은유로 표현되며 사건과 감정을 전달합니다.

메타포 이미지의 반죽, 함의적 은유의 단어와 문장들의 패치워크를 통해 BTS는 대중과 팬들에게 쾌감과 놀이를 동시에 제공합니다. 그 중심엔 인간을 감싸 안는 철학이 있습니다.

이 넓은 바다 그 한가운데
한 마리 고래가 나지막히 외롭게 말을 해
아무리 소리쳐도 닿지 않는 게
사무치게 외로워 조용히 입다무네

▶ 〈**Whalien 52**〉 중에서

일반적 고래들은 12~25hz의 음역대를 가졌는데 1989년 미국에서 발견된 한 고래의 주파수는 52hz로 다른 고래들이 들을 수 없는 소리를 낸다고 합니다. 그래서 다른 고래들과 의사소통이 불가능합니다. 그래서 그 고래에겐 Whale 52라는 이름과 '세상에서 가장 외로운 고래'라는 별명이 붙었습니다.

획일화된 가치관으로 합쳐진 목소리들 사이에 주파수가 다른 생각을 가져서 외로운 사람들을 위로하는 BTS의 노래 Whalien 52는 Whale과 alien이 합쳐진 이름입니다.

이렇게 다양한 상황과 환경의 사람들까지 위로하는 BTS의 은유는 창조적 이야기(Mythos)를 만들어 냄으로써 신화가 되어 청춘들의 마음을 일으켜 세웁니다.

보통 말과 글로는 접착력이 부족해 할 수 없었던 구원은 창조적 예술의 백미인 은유로 청춘들의 삶으로 가 정박했습니다. 끝없이 탄생하는 담론, 개인들 삶의 절벽들을 읽어내려 은유의 예술을 통해 스스로 진리의 빛을 찾을 에너지를 틔워내는 것이 BTS 은유 스타일입니다.

선한 음악을 통해서 영혼은 정화되고

육신의 사슬로부터 해방될 수 있다.

폴 비릴리오

28 음악은 영혼을 인도한다.

기원전 40년경 피타고라스학파는 음악과 음향악 등을 연구하면서 춤과 음악의 예술이 춤추고 노래하는 사람뿐만 아니라 보는 이와 듣는 이에게도 마찬가지의 효과를 낳는다고 하였습니다. 춤 동작을 하는 사람뿐만 아니라 보는 사람도 같은 흥분과 정화의 감정을 느낀다는 것입니다.

춤과 음악이 함께 하는 모든 예술의 종류는 영혼을 울리는 강력한 힘을 가집니다.[39]

BTS는 춤과 음악으로 메시지를 동시에 전함으로써 영혼을 울리는 효과를 극대화합니다. 또한 에너지와 퍼포먼서의 흥분과 감정을 관객들도 똑

같이 느낄 수 있기에 그 메시지의 힘은 더 강력해집니다.

음악이 사람들에게 주는 효과는 즐거움뿐만 아니라 영혼을 인도하는 데 있습니다. 그리스인들은 선한 음악은 영혼을 개선시킬 수 있으나 반대로 나쁜 음악은 영혼을 타락시킬 수 있다고 생각했습니다.

음악의 교육적 기능을 말하는 것입니다.

음악의 목표는 단순히 즐거움을 선사하는 것이 아니라, 아테나에우스가 후에 "음악의 목표는 즐거움이 아니라 덕에 봉사하는 것이다"라고 썼듯이 성격을 형성하는 것입니다. 선한 음악을 통해서 영혼은 정화되고 육신의 사슬로부터 해방될 수 있습니다.[40]

BTS는 그들의 청춘과 사유에 대한 자조적이지만 솔직하고 특별한 시선으로 청춘들의 영혼에 드리워진 그늘과 스며든 괴로움 같은 것들을 읽고 음악으로 표현해냄으로써 청춘들의 영혼을 정화하고 위로합니다.

음악의 교육적 기능을 수행하고 있는 것입니다. BTS 음악을 접해본 사람들이 느낄 수 있는 BTS 음악의 힘이자 에너지가 아닐까 합니다.

왜냐하면 BTS가 이 시대의 담론(discourse)과

담론 사이를 삼성으로 연결하기 때문입니다..

29 BTS가 미디어

전통적 개념에서 미디어는 TV나 신문과 같은 일방향 전달매체를 뜻했습니다. 하지만 최근의 미디어는 완전히 달라졌죠.

한국의 대중들은 방탄소년단이 인기가 많은 것 같은데 예능에서 별로 보지 못했다며 매스미디어를 통한 노출도에 대한 이야기를 흔히 합니다.

하지만 2017년 9월 2주의 대한민국 트위터 트랜드 1위는 방탄소년단입니다. SNS에서의 노출은 1위인 것입니다. 매스미디어 세대와 소셜미디어 세대의 미디어가 분리된 현상 때문인 것 같습니다.
BTS의 트위터 팔로워는 800만을 넘어 1000만을 향하고 있습니다. 이

책이 발간될 즈음이면 1000만에 가깝겠지요. 그 팔로워의 크기가 BTS 미디어의 시청률이자 청취율이자 지표입니다.
BTS가 1000만 팔로워, 1000만 수신자를 갖게 된 이유는 무엇일까요? 그것은 BTS가 이 시대의 담론, 이성이나 지식만을 말하는 것이 아니라 이 시대 대중들의 영혼을 구성하는 질서로서의 에피스테메를 BTS식으로 해석하고 사유하여 감성으로 전하는 미디어이기 때문입니다. 지금 세상을 보고 사유하는 '청춘'의 눈과 입이기 때문입니다.

마셜 맥루언은 매체가 단순한 정보수단을 넘어서 인간의 인식패턴과 의사소통의 구조, 나아가 사회구조 전반의 성격을 결정짓는다고 주장하며 '매체는 메시지이다'라고 하였습니다.

TV, 신문 등의 미디어를 통해 노출된 정보를 수용하는 세대들과 달리 미셸 세르가 엄지세대라고 칭한 신인류들은 원하는 시간에 원하는 정보를 얼마든지 꺼낼 수 있는 또 하나의 뇌를 두 손에 들고 다닙니다. 24시간 인터넷에 연결된 핸드폰이 그들의 뇌입니다. 이들에겐 가장 관심 있는 주제/메시지가 곧 그들의 미디어가 됩니다. 온오프 스위치는 필터링과 알람이며 차는 없지만 넷상에서 SNS를 타고 다니며 2차로 생산한 정보와 콘텐츠를 방송합니다.

그 1000만 팔로어들의 미디어는 BTS입니다. BTS는 세계와 수신자 사이에서 BTS의 시선과 감성으로 해석된 세상을 전달합니다. 수신자들은 수시로 인터넷상의 가상공간의 방으로 들어가 수신하기를 원하는 매체가 아니라 원하는 주제의 메시지만을 수신하고 SNS에 들러 전달하거나 가공한 콘텐츠를 생산하고 방송합니다.

독일의 사회학자 니콜라스 루만은 사회가 '네트워크를 통해 작동하는 커뮤니케이션'에 의해 움직인다고 하였습니다. 커뮤니케이션은 ①정보의 선별→②통지의선별→③이해의 선별 과정을 거친다고 하였습니다.[41] 미디어는 정보 전달체이지만 수신자가 그 정보에 동의하지 않으면 커뮤니케이션이 완성되지 않는 것이지요.

BTS의 미디어로서 강력함은 정보의 선별과 통지의 선별, 즉 BTS라는 주제를 설정하고 관련 정보를 받아보겠다는 알람을 설정한 대중이 많다는 데 있습니다. 유튜브든 블로그든 트위터든 브이앱이든 카페알람이든 알람을 보내줄 플랫폼은 상관없고 주제BTS가 중요합니다. 1000만 팔로어들은 마지막 BTS의 미디어로서의 시선을 믿고 사랑하고 수신하는 시청자이자 청취자입니다. 완성이 약속된 커뮤니케이션이 이뤄지는 것입니다.

미디어철학자 빌렘 플루서는 미디어의 기준을 발신자와 수신자 사이에 일어나는 코드의 흐름에 따라 분류하였습니다.

발신자가 수신자에게 메시지를 전달하는 미디어를 담론적 미디어diskursive Medien, 메시지를 다양한 기억들 간에 교환되도록 하는 미디어를 대화적 미디어dialogische Medien라 합니다.[42]

플루서처럼 분류해보면 정보를 쏘는 BTS는 담론적 미디어이고 그 이후 정보를 주고받는 대화적 미디어는 팔로워 및 팬덤이 되겠습니다. 하지만 BTS는 대화적 미디어이기도 합니다. 대중들과의 소통을 통해 또 다른 정보를 만들어내니까요. BTS의 정보를 동의한 이후 대중 및 팬덤, 대화적 미디어에서 생산되는 정보의 볼륨도 엄청나고 그것들을 주고받는 커뮤니케이션도 상상을 초월하는 트랜드를 만들어냅니다. BTS도 미디어이지만 팬덤도 거대한 방송국입니다. 빌렘 플루서는 이런 매체가 누구나 중심이 될 수 있는 탈중심적이고 분산적인 의사소통 네트워크를 형성한다고 하였습니다.

아직은 TV, 신문 등 전통적 매체의 시청률과 수용층의 규모가 굳건하고 그 힘이 지배적이지만 동의한 규모가 거대해진 BTS 같은 주제들은 점점 미디어로서의 역할을 다져갑니다. 동의한 대중의 볼륨과 그 대중이 계속 파생 생산하는 미디어 네트워크가 BTS를 더 강력한 미디어로 만드는 것입니다.

BTS 뿐만 아니라 어떤 분야에서든 많은 동의를 받는 사람, 단체, 주제는 파워풀한 미디어가 될 수 있습니다.

BTS는 천만 미디어 위성을 가진, BTS라는 주제의 거대한 미디어입니다.

미메시스는 들리는 음악이기 이전에

몸의 반응, 몸의 리듬이었습니다.[43]

30 Performative New World, 미메시스

BTS는 강렬한 느낌의 단체 군무로 유명한 팀입니다. 음악 뿐 아니라 무대에서 퍼포먼스를 보여줄 때에는 춤이 작품의 정체성에 큰 역할을 담당합니다. 음악 만으로는 그 아트워크를 온전히 감상했다고 말하기 어려울 정도로요.

퍼포먼스는 그 자체로도 음악과 관련된 춤과 표정, 연기, 무대연출 등을 포괄하는 예술입니다. 그런데 BTS 퍼포먼스는 단순히 음악을 돋보이기 위한 춤이 아니라 서사가 담겨있고 고난이도의, BTS만의 색깔이 있는 스타일이 특징입니다.

"BTS 안무에는 스토리가 담겨있습니다. 스토리를 퍼포먼스로 표현하기 위해 많은 댄서가 필요했습니다."

〈BTS 안무가 손성득님 인터뷰 중 〉[44]

안무에 스토리가 담긴다는 것은 음악의 표현하기 위한 수단에 그치는 것이 아니라 춤이 스스로 서사를 갖는다는 것입니다. 안무는 단순한 몸짓이나 제스처가 아니라 영혼의 표현이며 원곡의 철학을 함께하는 종합 예술입니다. 또한 좀더 대중들과 가까워진 예술이기도 합니다.

요즈음은 노래방에서 유명 가수들의 히트곡을 부르듯이, 청춘들은 저마다 마음에 드는 유명 안무들을 모방하면서 놀이를 합니다. 그 모방 행위가 놀이이자 예술입니다. 그들은 모방하며 즐거움과 환희를 느낍니다. 또 춤을 추면서 원곡 가수들이 그 가사와 그 동작을 할 때의 느낌, 감정 상태를 느껴볼 수도 있습니다. 춤 자체가 대중에게 가까워진 예술 장르가 되었습니다.

미메시스mimesis는 그리스 시대에 사제들이 제사를 위해 보여준 여러 가지 흉내와 춤, 음악과 노래를 의미했습니다. 처음에는 모방이라는 뜻으로 사용되었지만 그때도 단순한 몸짓이 아니라 동작/소리와 말을 통한 심오한 내면 감정의 표출이자 경험 표출이었습니다.[45]

내적감정의 표현은 미메시스의 음악적 요소들(리듬,운율)에 바탕하고 있어 결국 음악적인 것이 보편적 진리의 제시를 위한 매개가 되었습니다. 미메시스는 들리는 음악이기 이전에 몸의 반응, 몸의 리듬이었습니다.[46]

지금은 미메시스의 의미가 음악, 춤 분야 뿐 아니라 사회적, 문화적, 미학적으로 의미가 확대되어 현실을 예술작품에 그려내는 것[47]을 지칭하게 되었지만 최초 의미는 음악, 춤 분야에서 예술가가 그의 표현방식으로 다시 한 번 그 만의 세계를 만들어내는 것을 말합니다.

BTS의 미메시스는 카메라와 무대, 관객들까지 고려해 설계하고 음악과 연기와 퍼포먼스로 표현되는 은유입니다. 그들이 전하는 메시지를, 영혼을, 내적 표현을 가장 효과적으로 표현하고 사람들을 가장 잘 이해하고 감동시키는 표현인 것입니다. 언어기호, 이미지의 상징과 같이 제스처나 동작도 이미지로 남겨지는 어떤 것을 상징합니다.

어느 방송국의 연말무대에서 BTS가 준비한 퍼포먼스가 그들의 표현 의도와 다른 카메라 워크로 방송되자 BTS는 퍼포먼스를 그들이 원하는 영상으로 다시 찍어 유튜브로 제공하였습니다.

여기서 BTS의 미메시스는 BTS만의 정체성을 펼쳐내는 방식임을 알 수 있습니다. 또 카메라, 방송 매체 속에서 일어나는 미메시스의 역할, 과정에 대한 이해가 있으며 BTS만의 표현 스타일을 가지고 있습니다.

아도르노는 개념으로 담아낼 수 없는 영역을 표현하는 것을 예술활동이라고 했습니다.[48] 단순히 음악만 하는 것이 아니라 춤과 함께 표현하고자 하는 BTS의 퍼포먼스에서 예술 활동의 지층은 켜켜이 쌓여 감탄의 밀도는 높아졌습니다.

세계가 이미지화되고 인간 삶의 모든 연관관계가 이미지화되는 경향은 이미지의 폭발적 증가와 확산을 낳았습니다.[49] 이런 이미지 과잉의 시대에서 0.1초 아니 프레임(1/24초) 단위로 표류하는 시각을 포획하기는 쉬운 일이 아닙니다. BTS의 미메시스적 퍼포먼스는 특유의 정체성과 나노 단위로 설계된 연출로 감상자들의 인상에 감탄의 강도와 개성의 차이로 분류 가능한 상징·이미지 폴더를 만들어 내었습니다.

미메시스는 주제와 사건을 감각적으로 다시 한 번 그들의 세계로 반복해 만들어내는 일입니다. 소리와 몸과 리듬의 표현에 관련된 모든 것들이 미메시스적 행동입니다.[50] 춤에서는 세계를 신체적으로 해석해서 다시 한 번 만들어 내는 일입니다.

BTS 정체성과 세계는 이미 특별한 개성을 가지고 있습니다. 이를 신체적, 상징적, 실체적으로 표현해 내는데 퍼포먼스는 큰 역할을 담당하고 있고요. BTS는 일반적인 신체로 개념을 표현하는 형식과 BTS의 세계 사이에 BTS 스타일의 미메시스로 간격을 만들어내었습니다. 범람하는 이미지들 사이에 자신만의 길을 만드는 미메시스적 행동으로 특별한 인상과 환상이 있는 무대를 만들어 낸 것입니다.

춤이 생활 속의 문화로 자리 잡은 청춘들에게 새롭고 다른, 고난이도 BTS 퍼포먼스는 퍼포먼스 자체만으로도 애정과 동경의 대상이 되었습니다.

BTS 음악의 정체성에는 춤도 포함된다고 보는 것은 바로 이런 이유입니다. 단지 귀로만 듣는 음악이 아니라 신체로 표현되는 퍼포먼스를 보면서 감상자가 반응하며 상호적 관계를 만들며 같이 에너지를 공명할 때 완성되는 음악입니다.

BTS의 퍼포먼스는 음악보다 먼저 심장을 진동시키는 감각적 메시지였습니다.

주

1 지그문트 바우만, 리카르도 마체오 〈지그문트 바우만, 소비사회와 교육을 말하다〉, 현암사, 2016

2 소스타인 베블런, 〈유한계급론〉, 우물이 있는 집, 2012

3 지그문트 바우만, 리카르도 마체오 〈지그문트 바우만, 소비사회와 교육을 말하다〉, 현암사, 2016

4 마우리치오 라자라토, 〈부채인간〉, 메디치, 2017

5 한스 피터 마르틴, 하랄트 슈만, 〈세계화의 덫〉, 영림카디널, 2003

6 마우리치오 라자라토, 〈부채인간〉 역자 허경 서문, 메디치, 2017

7 같은 책 p.104-105

8 한나 아렌트, 〈한나아렌트의 말〉, 마음산책, 2016

9 EBS 다큐프라임 〈민주주의〉 제작팀, 유규오, 〈EBS 다큐프라임 민주주의〉, 후마니타스, 2016년

10 앤서니 앳킨슨, 〈불평등을 넘어〉, 글항아리, 2015

11 한나 아렌트, 〈한나아렌트의 말〉, 윤철희 역자서문, 마음산책, 2016

12 한나 아렌트, 〈한나아렌트의 말〉, 마음산책, 2016

13 애널리 루퍼스, 〈이젠 내가 밉지 않아〉, 마디, 2017

14 같은 책

15 F.니체, 박찬국 〈그대 자신이 되어라〉, 부북스, 2016

16 스포츠투데이, 〈방탄소년단 "흙수저 아이돌? 밑바닥부터 시작한 것 맞다."〉, 김예슬, 2015.11.27

16 지두 크리슈나무르티, 〈아는 것으로부터의 자유〉, 물병자리, 2002

17 같은 책

18 에릭호퍼, 〈길 위의 철학자〉, 이다미디어, 2014

19 F.니체, 박찬국 〈그대 자신이 되어라〉, 부북스, 2016

20 마크 롤랜즈, 〈철학자가 달린다〉, 추수밭(청림출판), 2013

21 같은 책

22 같은 책

23 안상혁, 〈불안, 키에르케고어의 실험적 심리학〉 성균관대학교출판부, 2015년

24 쇠얀 키에르케고어, 〈불안의 개념 / 죽음에 이르는 병〉, 동서문화동판(동서문화사), 2007

25 로버트 노직, 〈무엇이 가치 있는 삶인가 – 소크라테스의 마지막 질문〉, 김영사, 2014

26 같은 책

27 하타케야마 소우, 〈대논쟁! 철학 배틀〉, 다산초당(다산북스), 2017

28 같은 책

29 블라디슬로프 타타르키비츠, 〈타타르키비츠 미학사 1〉, 미술문화, 2005

30 같은 책

31 윌리엄 제임스, 〈실용주의〉, 아카넷, 2008

32 Th.W. 아도르노와 M. 호르크하이머, 〈계몽의 변증법〉, 문학과지성사,2001

33 박영욱, 〈매체, 매체예술 그리고 철학〉, 향연, 2008

34 진중권, 〈진중권의 미학 오디세이 2〉, 휴머니스트, 2014

35 이동연, 〈하위문화는 저항하는가〉,문화과학사,1998

36 이재현, 〈뉴미디어 이론〉, 커뮤니케이션북스, 2013

37 하타케야마 소우, 〈대논쟁! 철학 배틀〉, 다산초당(다산북스), 2017

38 김남시, 김소영, 임성훈, 전예완 〈현대독일미학〉, 이학사, 2017

39 블라디슬로프 타타르키비츠, 〈타타르키비츠 미학사 1〉, 미술문화, 2005

40 같은 책

41 서명준, 〈독일의 미디어 이론가들〉, 커뮤니케이션북스, 2015

42 김성재, 〈플루서, 미디어 현상학〉, 커뮤니케이션북스, 2013

43 박준상, 〈떨림과 열림〉, 자음과모음(이룸), 2015

44 헤럴드팝, 2017 2.24 인터뷰

45 블라디슬로프 타타르키비츠, 〈타타르키비츠 미학사 1〉, 미술문화, 2005

46 박준상, 〈떨림과 열림〉, 자음과모음(이룸), 2015

47 에리히 아우어바흐, 〈미메시스〉, 민음사, 2012

48 조광제, 〈현대철학의 광장 – 사유의 광장에서 24인의 철학자를 만나다〉, 동녘, 2017

49 군터 게바우어, 크리스토프 불프 〈미메시스〉, 글항아리, 2017

50 에리히 아우어바흐, 〈미메시스〉, 민음사, 2012

BTS를 철학하다

2018년 12월 18일 초판 7쇄 발행

지은이 차민주

펴낸이 황재은
디자인 이경란
일러스트 김지훈
제작 책의 무게
펴낸곳 비밀신서

등록 2017년 9월 15일 제2017-000249호
주소 서울시 마포구 독막로 96 리더
전화 02) 6014-7800
팩스 02) 6014-5800
홈페이지 http://www.bsincer.com
이메일 bimilsincer@gmail.com
트위터 @bimilsincer
페이스북 www.facebook.com/bimil.sincer

ISBN 979-11-962068-0-2 03100
값 15,000원

이 도서의 국립중앙도서관 출판예정도서목록(CIP)은 서지정보유통지원시스템 홈페이지 (http://seoji.nl.go.kr)와 국가자료공동목록시스템(http://www.nl.go.kr/kolisnet)에서 이용하실 수 있습니다.
(CIP제어번호: CIP 2017025983)